프로이트의 정신분석기술론

프로이트의
정신분석기술론

신한석 지음

: 정신분석가의 욕망과 포지션 이해하기

생각나눔

contents

프롤로그

에필로그

프로이트로 돌아가기

■ 개인 분석을 받기 위해 분석가의 캐비닛 (cabinet)에 방문했을 때였다. 나는 정신분석 실천에 대해 거의 알지 못했고 그 때문에 많은 긴장을 하고 있었다. 분석가는 문을 열어주었고 나를 자리로 안내했다. 나는 자리에 앉고 분석가를 바라보았다. 나는 그가 나에게 어떤 일들을 하라고 말해주리라 기대했다.

그러나 분석가는 나에게 아무 말도 하지 않았다. 나는 매우 당황했다. 나의 기대는 보기 좋게 어긋났다. 그는 무엇을 말하라는 식으로 방향을 제시하지 않았다. '시작하라'는 분석가의 말은 마치 나에게 모든 것을 맡기려는 것처럼 들렸다. 네가 원하는 것이라면 모든 것을 말할 수 있다는 식으로 말이다. 머릿속은 새하얘졌고 도대체 무엇을 말해야 할지 알 수 없었다. 나는 침묵할 수밖에 없었고, 시간이 지난 후에야 더듬거리며 몇 마디를 말할 수 있었다.

분석가의 태도는 상당히 충격적인 것이었다. 세션 내내 분석가는 아무 말도 하지 않았다. 나는 몇몇 정신분석 문헌을 통해 분석가들의 독특한 경향, 그들이 대체로 말하지 않는다는 사실을 알고 있었다. 특별한 것은 없었다. 아니 특별한 것은 없다고 생각했다. 하지만 나는 결국 끝이 없을 것 같은 침묵을 견디지 못했다. 이유를 묻지 않을 수 없었다. 왜 아무 말도 하지 않는 것인지, 왜 분석가가 해석을 하지 않는 것인지 말이다. 나는 그에게 상담이나 심리치료는 좀 더 편안한 분위기에서 진행되는데, 왜 선생님은 아무 말도 하지 않느냐고 물어보았다. 그러자 분석가가 대답했다. "분석과 상담은 다릅니다." 그렇게 그날의 세션은 종료되었다.

또한, 분석가는 어떤 '유의미한' 해석도 하지 않았다. 정신분석을 받기 이전에 나는 분석가의 해석이 내담자의 연상 속에 숨겨진 무의식적인 의미를 전달하는 것이라고 생각했다. 이제 와 생각해보자면, 나는 내가 모르는 어떤 것을 그가 나에게 알려주리라 기대했던 것 같다. 이것이 대중이 정신분석가에게 기대하는 어떤 이미지일 것이다. 그러나 그는 나의 기대에 맞게 행동하지 않았다. 분석가는 나의 말에 어떤 부분을 강조하거나 세션을 갑작스럽게 중단할 뿐이었다. 혹은 세션을 마치고 떠나려는 찰나 나에게 수수께끼 같은 말 몇 마디를 던질 뿐이었다.

내가 만났던 분석가를 한마디로 정의하자면, 수수께끼 같은 사람이었다고 할 수 있을 것이다. 내가 그에 대해 알 수 있었던 단 한

가지 사실은 그가 문자 그대로의 자유연상을 원한다는 것이었다. 자유라는 말은 원하는 것은 모두 있다는 것을 함축하는 동시에 어떤 구체적인 목표가 없다는 것을 가리키기도 한다. 나는 그가 어떤 내용의 연상을 원하는지는 알 수 없었다. 그는 자신의 견해가 무엇인지, 또 자신이 바라는 것이 무엇인지 명확하게 밝히지 않았다. 그가 원하는 것, 즉 그의 욕망은 항상 모호했다. 분석 세션에서 그는 존재하는 것 같기도 했고, 존재하지 않는 것 같기도 했다. 그는 사람이라기보다는 일종의 공백처럼 보였다. 그는 매우 독특한 사람이었다.

그가 가진 독특함은 다음과 같은 의문을 갖도록 이끌었다. 그는 왜 아무런 말도 하지 않았던 것일까? 그가 바라는 것은 무엇일까? 정신분석은 어떤 작업이기에, 또 어떤 이론을 가지고 있기에 그런 특수한 태도를 취했던 것일까? 결국, 이러한 질문은 정신분석 실천에 대한 의문으로 이어졌다. 정신분석을 한다는 것은 무엇을 의미하며, 그 과정에서 분석가는 어떤 포지션을 취하는 것일까?

위의 질문들은 정신분석실천과 직결되는 질문이었고, 나는 내가 접근할 수 있는 문헌을 통해 답을 찾아내고자 했다. 하지만 이 질문들에 대해 긍정적인 대답을 찾아내기 어려웠다. 왜냐하면, 한국에서의 정신분석이 갖는 독특한 위치 때문이었다. 나는 당시 프랑스의 정신분석가인 자크 라깡의 이론에 많은 관심을 가지고 있었다.

그런데 한국에서 정신분석은, 특히 라깡주의 정신분석은 임상실천이라기보다는 문화분석의 도구로 전용되는 경향을 보였다. 정신분석연구자들은 정신분석학을 전문적으로 연구하기보다는 정신분석학의 개념들을 통해 문학작품이나 문화현상 등을 분석하는 데 초점을 맞추고 있었다. 이런 상황에서 임상과 직결되어 있는 글들을 찾아보기란 매우 어려웠다. 프로이트의 정신분석학이 애초에 내담자들과의 만남을 통해 형성된 것이라는 점을 생각해본다면 한국에서의 정신분석학은 정신분석 고유의 정체성으로부터 멀어져 있다고 볼 수 있을 것이다.

그렇다고 해서 국내의 라깡 저작과 라깡주의적 관점에서 쓰인 외국논문을 통해 이해하는 일도 쉽지 않았다. 이유는 간단했다. 내가 그들의 저술을 이해할 수 없었기 때문이다. 라깡에 심취해있을 때, 나는 라깡이야말로 프로이트 이후 최고의 분석가이며 그의 말을 이해하고 있다는 듯이 행동했다. 사실대로 말하자면 나는 그의 말을 거의 이해하지 못하고 있었다. 라깡이 말한 내용을 앵무새처럼 반복할 수는 있었지만, 그 말이 실제로 의미하는 바가 무엇인지는 이해하지 못했다. 내게 라깡은 남들에게 과시하기에 좋은 사치품에 불과했지, 연구대상은 아니었다. 라깡의 글을 이해하지 못한 상황에서 라깡의 관점에서 쓰여진 글들을 이해하지 못하는 것은 당연한 일이다.

나의 의문은 정신분석 학교에서도 해소되지 않았다. 학교에는 경

험 많은 분석가들이 수업을 진행하고 있었지만, 나는 그들이 말하는 임상실천이 내가 경험했던 임상실천과 방향이 다르다는 인상을 받았다. 학교의 분석가들이 말했던 임상은 분석가가 어머니가 되어 내담자를 아이처럼 보살피는 방식에 가까웠다면, 내가 경험했던 임상은 정신분석가의 앞에서 내 말을 계속하는 것이었기 때문이다. 전자가 관계에 초점을 맞춘다면 후자는 말하기에 초점을 맞추는 듯 보였다. 교수뿐만 아니라 이제 막 분석에 입문한 초보 분석가들 역시 대체로 전자의 실천을 경험하고 있었다. 내가 그들에게 나의 분석 경험에 대해 말했을 때 그들은 이해할 수 없다는 식으로 반응했다. 그런 것은 분석 실천이 될 수 없다는 듯이 말이다. 이런 상황에서 학교에서 내 질문들이 해소될 수 있을 가능성은 거의 없어 보였다.

혹자는 나에게, 왜 분석가에게 직접 질문하지 않느냐고 물을 수 있을 것이다. 사실 이것이야말로 가장 불가능한 해결책이었다. 그는 사무실 외부에서도 분석가로서의 태도를 취했기 때문이다. 그는 나의 분석가이자 동시에 교수였지만, 내가 그에게 질문했을 때 속 시원하게 대답을 들었던 적은 한 번도 없었다. 항상 모호하게, 완벽한 대답을 내놓지 않았다. 나는 그가 왜 그런 말을 했는지 끊임없이 반추해볼 수밖에 없었다.

문제를 해결할 수 있는 유일한 방법은 라깡에서 프로이트로 돌

아서는 것이었다. '정신분석학'을 공부하기를 원한다면, 먼저 프로이트를 이해해야 한다는 생각에 도달했기 때문이다. 프로이트는 정신분석학의 창시자이다. 바로 이 때문에 정신분석이 무엇인지, 그리고 정신분석을 어떤 식으로 실천해야 하는지 알기 위해서는 프로이트가 남겨놓은 저술을 참조하는 것이 가장 좋은 방법일 수밖에 없다는 결론을 내렸다. 나는 프로이트의 저술들을 꼼꼼히 읽으며 그의 사유가 형성되고 작동하는 방식을 탐구하기로 했다. 마침 한국에 프로이트 전집도 번역이 되어 있으니 적당한 환경이 갖춰져 있었다.

그렇다고 해서 프로이트의 전 저작을 연구대상으로 삼을 수는 없으므로 나는 프로이트의 기술에 대한 저술들을 중심으로 프로이트의 사유를 추적하기로 했다. 이 저술들이야말로 임상적인 측면에서 정신분석가란 누구이며 어떤 식으로 기능해야 하는가에 대한 질문에 답하기에 가장 적절하다고 판단되기 때문이다.

이 글은 그러한 탐구의 결과물이다. 그렇다고 해서 이 글은 단순히 기법을 사전적으로 정리해놓은 것이 아니다. 이 글은 정신분석이란 무엇이며, 정신분석가의 포지션이란 무엇인가에 대한 의문을 해소하기 위한 것이다. 특히 프로이트의 포지션 말이다. 왜 하필이면 프로이트는 자유연상이라는 도구를 사용했고 왜 정신분석실천은 전이를 그토록 중요하게 다루었는가? 즉, 이 책은 정신분석가의 욕망, 더 나아가 프로이트의 욕망이란 무엇인지 답하기 위한 것이

다. 라깡은 정신분석가의 욕망에 대해서 지적했다. 만약 이 '욕망'이라는 단어가 어떤 '바람'을 지적하는 것이라면, 이는 분명 정신분석가가 원하는 것과 관련이 있을 것이다. 그렇다면 "정신분석가는 무엇을 바라고 무엇을 원해야 하는가?"라는 질문은 정신분석실천과 무관한 것이 아니게 된다. 그리고 내가 이 질문에 답하기 위해 프로이트를 참조해야 하는 것은 분명 타당한 일이다. 그가 누구도 부정할 수 없는 최초의 정신분석가라는 점에서 말이다. 따라서 나는 여기서 정신분석가의 욕망은 무엇이어야 하는지 탐색하고자 했고, 이를 위해 프로이트의 욕망이 무엇인지 탐색하고자 했다.

프로이트가 기술에 관해 쓴 논문들은 단순히 정신분석 임상을 위한 기술들을 일목요연하게 정리해놓은 매뉴얼이 아니다. 오히려 그 논문들에는 기술들을 적용하기 위한 근간이 되는 '이론적 원칙'들이 제시되어 있다. 그러나 프로이트가 이 원칙들을 명확하게 제시한 경우도 있고, 제시하지 않은 경우도 있기 때문에 나는 그 원칙들이 무엇인지 도출해내고자 했다.

따라서 이 글은 기술에 관한 프로이트의 저술들에 대한 독해가 주를 이룬다. 전체적인 구성은 다음과 같다. 1장에서는 정신분석학의 연구 방법인 자유연상이 갖는 의미가 무엇인지 정리했다. 2장에서는 정신분석의 핵심 테크닉인 해석이 무엇을 의미하는지 살펴보았다. 3장에서는 프로이트가 어떤 방식으로 전이를 다루었는지 살펴보았으며, 4장에서는 정신분석과 심리치료의 차이점을 전이를

중심으로 비교했다. 마지막 5장에서는 정신분석 실천의 핵심 주제 중 하나인 정신분석의 끝을 프로이트가 어떤 관점에서 이론화했는지 다루었다.

이 책을 쓰면서 더욱 확실해진 것은 정신분석가는 단순한 '직업'이 될 수 없다는 사실이다. 흔히 알려진 것과는 달리 정신분석학은 단순히 심리치료를 위한 하나의 기술이 아니라, 인간을 이해하고 연구하는 방법이다. 프로이트가 우리에게 남겨준 것은 인간 주체를 치료하는 기술이 아니라, 인간 주체를 좀 더 세밀하게 이해할 수 있는 접근 방식이다. 당대의 다른 연구자들과는 달리 프로이트는 특수한 태도를 취했고, 결과적으로 정신분석학을 만들어낼 수 있었다. 이런 점에서 정신분석가는 기술과 지식의 집합이 아니라 하나의 태도를 가리키는 이름이다. 프로이트가 취했던 고유한 태도가 이 책을 통해 조금이나마 밝혀지기를 바란다.

Les écrits techniques de Freud

1장

정신분석적 방법

연구방법?

■ 정신분석학이란 무엇인가? 「정신분석학과 리비도 이론」에서 프로이트는 정신분석학을 다음과 같이 정의한다.

1. 어떤 다른 방식으로는 접근이 거의 불가능한 정신적 과정의 탐구를 위한 절차에 대한 이름
2. 신경증 질환을 치료하기 위한 (탐구에 기초를 둔) 방법의 이름
3. 새로운 과학 분야 속으로 점차적으로 축적되고 있는, 그러한 노선을 따라서 획득된 심리학적 정보 집합의 이름[1]

먼저 이 내용을 분석해보자. 여기서 '어떤 다른 방식으로는 접근이 거의 불가능한 정신적 과정'은 무의식을 의미하며, 정신분석학은 그러한 정신과정을 탐구하기 위한 절차를 가리킨다. 두 번째로 정

---

1) 지그문트 프로이트. 박성수·한승완 옮김. 「정신분석학과 리비도 이론」 〈정신분석학 개요〉 열린책들. 2010. p.135.

신분석은 신경증 치료를 위한 방법이지만, 그것은 '탐구에 기초'를 두고 있다. 다시 말해, 정신분석은 치료 자체를 목적으로 하는 것이 아니라 탐구를 목적으로 한다. 여기서 정신분석의 특징이 도출된다. 정신분석은 내담자의 고통을 직접적으로 제거하고 행복을 느끼도록 만드는 과정이 아니라, 무의식을 탐구하는 과정 자체이다.

정신분석학에 대한 프로이트의 정의는 정신분석학이 다른 학문에 기생하지 않는 독자적인 학문이라는 것을 보여준다. 정신분석학은 인간의 정신 병리를 다룬다는 점에서 정신의학이나 심리학과 쉽게 혼동되곤 한다. 그러나 이 세 가지 학문 분야는 모두 상이한 대상을 갖는다. 정신의학은 정신 병리를 뇌나 신경과 같은 기관의 문제로 인해 발생한다고 본다. 심리학은 정신을 의식을 중심으로 해명한다. 이와는 달리 정신분석학은 정신 병리의 무의식적인 원인을 추적한다. 하나의 학문이 다른 학문으로부터 분리되기 위해서는 고유한 연구대상을 가지고 있어야 한다. 무의식은 정신분석학의 고유한 연구대상이므로 여타의 인접 학문과 확실히 구분된다.

그러나 정신분석적 탐구는 한 가지 어려움이 있다. 이는 의식을 탐구하는 것처럼 무의식을 탐구할 수는 없다는 사실이다. 프로이트가 지적하듯이 무의식은 다른 방식으로는 접근이 거의 불가능한 영역이다. 따라서 무의식을 탐구하는 정신분석은 그만의 독특한 방법을 가지고 있을 수밖에 없다. 그렇다면 정신분석학은 어떻게 무의식에 접근할 수 있는가? 정신분석학만이 가진 연구방법은 무엇일까?

프로이트가 주체의 무의식으로 인도하는 열쇠로 제시하는 것은 바로 자유연상(association libre)이다. 자유연상은 머릿속에 떠오르는 것은 모두 말로 표현해야 한다는 정신분석의 근본 규칙을 말하는데, 분석을 진행하기 위해서 주체는 머릿속에 떠오르는 생각이 아무리 이상하고 끔찍해 보인다 하더라도, 그리고 그것이 분석과 아무런 관련이 없어 보인다 하더라도 말로 표현할 수 있어야 한다.

프로이트는 자유연상이야말로 무의식을 의식화할 수 있는 가장 중요한 방법이라고 보았지만, 사실 자유연상이라는 연구방법 그 자체로 인해 정신분석은 비판받을 수 있다. 자유연상은 그다지 설득력이 없는 연구방법인 것처럼 보이기 때문이다. 어떻게 머릿속에 떠오르는 생각들을 모두 보고하는 것이 무의식에 도달하는 열쇠가 될 수 있을까? 그것을 통해 무의식에 도달할 수 있다는 증거는 어디에 있을까? 이런 의문을 바탕으로 연상의 내용은 단순히 무의미한 공상에 불과하다고 말하는 것이 가능하다.

여기서 다룰 주제는 바로 이것이다. 프로이트는 어째서 자유연상을 정신분석학의 연구방법으로 사용한 것일까? 프로이트의 자유연상이 갖는 함의란 무엇일까?

자유연상 이전

■ 프로이트의 기법은 크게 세 형태로 변화한다. 첫 번째는 최면이며, 두 번째는 압박법, 마지막 세 번째는 자유연상이다. 좀 더 세부적으로 분류하자면 자유연상은 역시 해석에 초점을 맞추는 기법과 저항에 초점이 맞춰져 있는 기법으로 나뉜다. 자유연상에 대한 프로이트의 사유에 바로 접근하기 이전에 자유연상이란 기법을 적용하기 이전에 프로이트가 어떤 기법을 사용했는지 살펴보도록 하자.

잘 알려져 있듯이 프로이트가 처음부터 자유연상이라는 방법을 사용했던 것은 아니다. 1895년 출간된 『히스테리 연구』에서 프로이트와 브로이어는 자유연상법이 아닌 카타르시스 요법을 사용해 환자들을 치료했다. 카타르시스 요법은 최면을 통해 병인이 된 기억을 되살려내고 기억에 얽혀 있는 정동(affect)들을 발산시키기 위한 기법이다.

당시 프로이트는 히스테리 증상이 방출되지 못한 정동으로 인해 발생한다고 보았다. 환자는 과거에 어떤 사건을 경험한다. 경험에는 일정량의 정동이 얽혀 있게 마련이다. 그러나 내부적·외부적 사정으로 인해 사건에 적절히 반응하지 못하는 경우가 있다. 예를 들어, 매우 슬픈 일을 겪었지만 슬픈 감정을 표현하지 못할 수 있다. 이렇게 되면 사건에 대한 기억은 잊혀진다. 그러나 이 기억은 완전히 사라지는 것이 아니라 기억나지 않는 형태, 즉 무의식적인 형태로 작동하며 증상의 원인이 된다. 그리고 방출되지 못한 정동은 신체기관으로 전환(conversion)되어 나타난다. 이것이 프로이트가 『히스테리 연구』에서 설명했던 히스테리 증상의 모델이다.

이는 억압된 사건에 대한 기억을 떠올리고 정동을 방출하면 증상이 사라진다는 것을 관찰했기 때문에 도출된 이론적 결론이다. 단순히 원인이 된 기억을 담담하게 표현하는 것이 아니라, 마치 그 당시를 재체험하듯 이야기하면 증상이 사라졌던 것이다. 이는 증상과 기억이 서로 연결되어 있다는 것을 가리킨다. 원인이 된 기억은 잊혔지만 잊힌 상태로, 즉 무의식적인 상태로 여전히 생생하게 작동하고 있다고 볼 수 있다. 그 증거가 바로 증상이다. 따라서 치료는 잊힌 기억들을 되살리고 거기에 서려 있는 정동을 방출하는 것이 된다.

프로이트는 이와 같은 이론을 토대로 치료를 진행했지만, 치료가 항상 쉽게 진행되었던 것은 아니었다. 히스테리 환자들이 과거의 기억을 떠올리지 못했기 때문이다. "단순히 물어보는 것만으로는(아무

리 자세하고 완벽하게 물어본다고 해도) 히스테리의 시작 지점을 파악하기가 불가능할 때가 많았던 것이다."[2] 그렇다면 어떻게 해서 이 잊힌 기억들을 되살려낼 것인가? 이것이 치료의 핵심이다.

여기서 프로이트가 선택한 첫 번째 방법은 바로 최면이다. 프로이트는 최면을 통해 잊힌 기억을 되살려내려고 했다. 이 최면 요법이 갖는 특징은 그것이 매우 강제적인 방식이라는데 있다. 내담자가 말하지 않는다면 최면을 걸어 억지로라도 말하게 만들려 했다.

그러나 최면을 통한 치료에는 한계가 있었다. 프로이트는 히스테리 연구를 집필하는 당시 이미 최면술에 대한 한계를 경험하고 있었다. 가장 큰 문제는 최면에 걸리지 않는 사람이 존재한다는 사실이었다. 이 방법은 최면에 의존하기 때문에 최면에 걸리지 않으면 히스테리를 치료할 수 없다. 그 때문에 프로이트는 "나는 최면에 걸리지 않는 환자들을 치료하려는 생각을 포기하든지 다른 방법을 통해서 기억을 확장시키려 노력하든지 해야 했다."[3]라고 말한다.

그래서 프로이트는 최면이 갖는 한계를 극복하기 위해 새로운 기법을 적용한다. 히스테리 증상의 원인에 대한 이론은 구성되었기 때문에 그는 최면은 아니지만, 최면과 같은 효과, 즉 망각한 기억을 되살려낼 수 있는 기법을 만들어낸다. 이 기법은 그가 압박법이라 이름 붙인 것이다. 압박법은 그 이름과 같이 환자의 이마를 압박하

---

2) 같은 책. 같은 쪽.
3) 같은 책. p.348.

는 기법을 말한다. 증상의 원인이 되는 생각들을 환자가 기억하지 못할 때, 프로이트는 환자의 이마를 누르며 손을 떼는 동시에 어떤 것들이 생각날 것이라 단언했다.

프로이트가 이마를 압박하는 이유는 환자의 '저항(résistance)'을 약화시키기 위한 것이었다. 환자들은 병인이 된 기억들을 떠올리지 못한다. 환자가 병인이 되는 기억을 되살리지 못하는 까닭은 그 생각들이 머릿속에 떠오르지 않기 때문, 즉 의식화되지 않기 때문이다. 따라서 그 기억들이 의식화되는 것을 막는 힘이 존재한다고 가정하는 것이 가능해진다. 저항은 이와 같이 기억들이 떠오르지 못하도록 막는 힘을 가리킨다. 따라서 치료의 핵심은 "환자들 속에서 병인이 되는 관념이 의식화되는 것(즉 생각나는 것)에 대항하는 심리적 힘을 극복해야 한다는 것."[4]이 된다. 최면이나 압박법이나 모두 목적은 같다. 그것은 환자의 저항을 약화시켜서 무의식적 기억이 떠오르도록 만드는 것이다.

여기서 지적하고 넘어가야 할 것은 의식화한다는 말이 갖는 의미이다. 의식화한다는 말은 '생각나게' 만드는 것이다. 히스테리의 병인이 되는 관념들은 애초에 머릿속에 떠오르지 않는다. 그것은 머릿속에 떠올랐지만, 말로 표현하기에 꺼림칙 하여 표현하지 않는 것이 아니라, 애초에 머릿속에 떠오르지조차 않는 것이다. 기억은 망각된다. 이러한 망각이 저항 때문에 발생하는 것이며, 따라서 저항을 극

---

4) 같은 책. p.349.

복하면 그러한 기억들은 머릿속에 떠오른다. 치료의 핵심에 저항이 존재한다. 그렇다면 문제는 환자로 하여금 그 착상들을 어떻게 떠오르게 할 것이냐, 다시 말해, 어떤 방식으로 저항을 극복하느냐는 점이다. 오늘날 관점에서는 다소 우스꽝스러워 보일 수 있지만, 압박법은 기억을 기억나게 하기 위한 기법이었다.

자유연상과 표상의 흐름

■ 이후 프로이트는 압박법을 포기하고 자유연상이라는 기법을 만들어낸다. 프로이트는 자유연상에 대해 다음과 같이 말한다.

그 요법은 주의 깊고 냉정한 자기 관찰자의 위치에 그 자신을 두도록 요구받고, 단지 시종일관 자기의식의 표면을 읽어야 한다. 또 한편으로는 가장 완벽한 정직의 의무를 다하는 반면에, 다른 한편으로는 어떤 착상도 전달에서 배제하지 않기를 요구받는 환자에 의해 시작된다. 설사 (1) 그가 그것이 너무 불쾌하다고 느끼거나 (2) 너무 터무니없다거나 (3) 너무 중요치 않다거나 (4) 찾고자 하는 것과는 무관하다고 판단하더라도 말이다. 마지막에 언급한 이러한 반응들을 불러일으키는 착상들은 망각된 소재를 발견하는 데 특별한 가치를 갖는다는 것이 한결같이 발견된다.[5]

---

5) 지그문트 프로이트. 박성수·한승완 옮김. 「정신분석학과 리비도 이론」〈정신분석학 개요〉 열린책들. 2010. p.140.

여기서 의문이 드는 것은 어떻게 해서 자유연상을 통해 억압된 기억에 접근할 수 있느냐는 점이다. 다시 말해, 어떻게 해서 자유연상은 치료를 위한 기법으로 활용될 수 있는 것인가? 정신에 떠오르는 모든 것을 보고하는 것이 어떻게 해서 증상을 제거하는 데 도움이 되는 것인가?

프로이트가 이와 같은 기법을 만들어낸 데에는 그만한 이유가 있다. 정신에 떠오르는 생각들은 무규칙적으로 나타나는 것이 아니기 때문이다. 프로이트의 다음과 같은 주장은 이를 명백히 한다. 자유연상을 할 때 "우리가 목적 없는 표상의 흐름에 자신을 내맡기고 있는 것이라는 주장은 명백히 부당한 것이다."[6] 자유연상은 표상의 흐름을 있는 그대로 보고하는 것이다. 의도를 가지고 표상을 보고하는 것이 아니라 떠오르는 표상을 보고하는 것이다. 그런데 여기서 프로이트는 표상이 생각나는 순서, 즉 표상의 흐름은 목적이 없는 것이 아니다. 다시 말해, 표상의 흐름이 나타나는 데에는 일정한 순서가 있다는 것이다.

자유연상은 주체로 하여금 의도적이고 의식적인 사고과정을 포기하도록 만드는 데 목적이 있다. 자유연상이 적용될 때 주체는 무엇인가에 대해서 골똘히 생각하고 고민하는 것이 아니라, 자신의 의지와는 상관없이 떠오르는 착상에 자신을 맡겨야 한다. 프로이트는 이러한 상태를 잠들기 전과 유사한 상태라고 말한다. "잠이 들면서

---

6) 지그문트 프로이트, 김인순 옮김. 〈꿈의 해석〉 열린책들, 2010, p.615.

표상들의 흐름에 영향을 끼치는 자의적인 (물론 비판적이기도 한) 활동이 이완되기 때문에 '의도하지 않은 표상들'이 떠오른다."[7] 자유연상의 목적은 자의적이고 비판적인 활동을 이완시켜 원래의 표상의 흐름을 드러내는 것이다. 다시 말해, 나도 모르는 사이에 떠오르는 생각들에 초점을 맞추는 것이다.

표상의 흐름을 따라가는 것에 대한 프로이트의 강조는 더욱 엄격하다. 프로이트에게 있어 모든 연상이 자유연상으로서 가치를 갖는 것은 아니다. 거기에는 프로이트가 연상의 끈이라 부르는 것이 존재하기 때문이다. "떠오르는 표상들이(혹은 형상들이) 소위 표면적인 연상의 끈, 즉 유사음, 낱말의 모호함, 내적 의미와는 관계없는 시간상의 일치 등 우리가 농담이나 말장난에서 사용하는 모든 연상을 통해 서로 결합하여 있는 것처럼 보일 때만, 목적 표상에서 자유로운 연상의 뚜렷한 표식으로 간주한다."[8] 표상의 흐름, 즉 자유연상에는 연상의 끈이 존재하며 이러한 끈에 따라 연상이 이어진다.

프로이트가 자유로운 연상의 뚜렷한 표식으로 간주하는 것들은 '유사음, 낱말의 모호함, 내적 의미와는 관계없는 시간상의 일치 등 농담이나 말장난에서 사용하는' 언어학적 변형이 일어난 것들에 '한정'된다. 원숭이 엉덩이와 사과는 빨갛다는 말로 연결된다. 다시 말하자면, 연상과 연상 사이에는 연결고리가 존재한다

---

7) 같은 책. p.141.
8) 같은 책. p.617.

는 것이다. 이를 도식적으로 표현하면 다음과 같다. 밑의 R은 표상
(Representation)의 약자이다.

R1 → R2

프로이트는 이러한 연상의 흐름을 틀 짓는 어떤 힘을 가리켜 '무
의식적'이라 부른다. "사실 언제나 우리는 이미 알고 있는 목적 표상
만을 포기할 수 있을 뿐이며, 이것을 포기하는 즉시 미지의 −대략
표현하면 무의식적인 − 목적 표상들이 주도권을 잡고 원하지 않는
표상들의 흐름을 결정짓는다."[9] 표상의 흐름을 결정짓는 것은 무의
식적인 목적 표상이다. 무의식은 연상과 연상을 연결짓는 어떤 심리
적 과정을 가리키며 자유연상은 이러한 흐름을 포착하기 위한 방법
이다.

---

9) 같은 책. p.615.

해석과 저항

■ 그러나 모든 표상은 연결되어 있지만, 그 것이 순조롭게 드러나는 것이 아니었다. 중간중간 표상이 누락되는 경우가 있었던 것이다. 바로 무의식의 형성물들은 하나의 표상이 더 이상 다른 표상을 불러일으키지 못하는 표상들이다. 꿈이나 말실수, 농담, 그리고 증상 등에 대해서 주체는 어떤 것도 연상하지 못했다. 여기가 바로 프로이트가 주목했던 곳이다. 그가 『히스테리 연구』와 1900년대 저술들에서 밝힌 내용은 이렇게 연상이 중단되는 경우에도 그 이면에 숨겨진 표상들이 존재한다는 것이다. 그 이후의 저술들 프로이트는 이 이면에 있는 숨겨진 표상들을 가리켜 억압된 것이라 부른다.

R1 → x

프로이트가 집요하게 접근하고자 했던 것은 바로 이 억압된 것으로서의 x였다. 그러나 앞서 보았듯 그가 항상 같은 방식으로 접근했던 것은 아니었는데, 이는 자유연상에서도 마찬가지였다.

흥미롭게도 자유연상 역시 시기마다 그 구체적인 형태가 변화한다. 초기 프로이트는 환자의 연상을 토대로 감춰져 있는 억압된 의미를 밝혀내는 것을 목표로 삼았다. 당시 분석가의 임무는 내담자의 연상을 듣고 그것에 숨겨진 의미를 내담자에게 가르쳐주는 것이었다. 이를 위해 역시 분석가는 자유롭게 부유하는 집중력을 유지하여 의식적인 생각을 포기한다. 분석가는 내담자의 연상을 듣고 무의식적으로 떠오르는 착상들을 활용해 해석한다. 이는 분석가가 자신의 무의식을 활용하여 내담자의 무의식에 접근하기 위한 것이다. 즉, 이 당시 정신분석은 해석의 기술이었다. 이 당시 분석기술은 "환자의 연상에 의해 산출된 소재가 마치 감추어진 의미를 암시하고, 그 의미를 그 소재로부터 발견하는 것처럼 간주하는 것이었다."[10]

그러나 이후 분석기술은 더욱 발전하게 된다. 분석기술이 해석을 통해 억압된 의미를 밝혀내는 것이 아니라 "환자에게 영향을 미치는 가장 효과적인 방법을 발견하는 문제로 관심이 쏠리게 되었다."[11] 프로이트가 직접 증언하듯이, 연상을 토대로 억압된 의미를

---

10) 지그문트 프로이트. 박성수·한승완 옮김. 「정신분석학과 리비도 이론」〈정신분석학 개요〉 열린책들. 2010. p.140.
11) 같은 책. p.154.

해석해내는 방식의 한계를 경험했기 때문이다. 전자의 방식은 분석가 개인의 호기심을 충족시키기에는 충분하지만, 치료적 효과를 미치기에는 불충분했다. "치료 과정의 본질적인 부분은 이러한 저항을 극복하는 데 있다는 사실과, 만약 이것이 성취되지 못했더라면 환자에게서 어떤 영구적인 정신적인 변화도 일어날 수 없었을 것이라는 사실도 밝혀졌던 것이다."[12]

해석은 주체가 그것을 수용하는 한에서 효력을 발휘한다. 분석가가 해석을 통해 억압된 내용을 밝혀낸다 하더라도 환자가 그것을 수용하지 않으면, 즉 저항한다면 해석은 아무런 효과를 발휘하지 못한다. 따라서 분석의 핵심은 해석을 통해 숨겨진 것을 밝혀내는 것이 아니라 환자가 그 숨겨진 것을 떠올릴 수 있느냐 마느냐, 그리고 떠올렸다면 그것을 말로 표현할 수 있느냐와 관련이 된다.[13]

---

12) 같은 책. 같은 쪽.

13) 여기서 세 가지 기억이 구분된다. 하나는 기억되지 않은 상태에서 작동하는 기억, 두 번째는 기억나지만, 말로 표현되지 않은 기억, 마지막으로 기억났으며 말로 표현된 기억이 있다. 이 세 가지 기억은 프로이트의 무의식, 전의식, 의식이라는 1차 토픽과 연결된다. 나는 여기서 의식화라는 말을 '언표'와 연결시키고자 하는데, 이는 프로이트가 같은 논문에서 무의식과 의식을 사물과 언어라는 관점에서 분석하고 있기 때문이다. 우리는 이 주장의 근거를 「무의식에 관하여」에서 찾아볼 수 있다. 여기서 프로이트는 다음과 같이 주장한다. 검열을 통과하지 못하고 억압된 것은 무의식이다. 무의식이 검열을 통과한다면 이는 의식이 될 수 있다. 하지만 모든 기억이 검열을 통과한다고 해서 바로 의식화되는 것은 아니다. 그러한 기억 중 어떤 것은 의식이 될 수 있는 능력을 가지고 있다. 즉, 특정한 조건이 주어지면 의식화될 수 있는 기억들이다. 뒤이어 프로이트는 다음과 같이 말한다. "의식의 표상은 사물의 표상과 그 사물에 속하는 언어 표상을 다 포괄하고 있는 반면에, 무의식의 표상은 사물 표상 하나만을 포함하고 있다는 말로 그 차이를 구분해야 할 것이다."(210) "억압이 거부하는 것은 바로 대상을 계속 떠올리게 할 수 있는 언어로 표상을 번역하는 일이다."(211) 다시 말해, 억압된 것은 언어로 번역되지 않은 것이다. 이에 대해서는 지그문트 프로이트, 윤회기·박찬부 옮김, 「무의식에 관하여」,〈정신분석학의 근본개념〉 열린책들, 2011.

그렇다면 여기서 저항을 극복한다는 말이 갖는 의미는 무엇일까? 앞서 살펴보았듯이 프로이트에게 있어 저항은 연상의 흐름이 중단된 것을 의미한다. 따라서 저항을 극복하는 것은 바로 새로운 연상, 다시 말해 새로운 표상이 주체의 편에서 나타나도록 만드는 일이다.

해석을 제시하는 것과 저항을 극복하는 것은 정신분석 작업의 주체라는 관점에서 정반대의 차이점을 보인다. 해석에서 주가 되는 이가 분석가라면 저항을 극복하는 것은 바로 주체이다. 프로이트는 이러한 생각에 착안하여 분석치료에 더욱 근접한 것은 후자라고 말한다. "모든 저항을 물리치는 것이 분석치료 과정에서 우리의 주된 과제"인 것이며, "해석한다는 과업은 이것과는 전혀 비교될 수 없다."[14] 정신분석은 분석가가 억압된 의미를 밝혀내기 위한 것이 아니라 자유연상을 통해 내담자가 저항하는 지점을 찾아내고 저항을 극복하여 새로운 연상들이 도래하도록 만드는 작업이다.

---

14) 지그문트 프로이트. 박성수·한승완 옮김. 「정신분석학 개요」〈정신분석학 개요〉 열린책들. 2010. p.354.

기표의 사슬

■ 그렇다면 프로이트가 자유로운 연상의 뚜렷한 표식이라고 말했던 것에 대해 좀 더 자세하게 살펴보자. 프로이트가 지적했듯이 이러한 표식들은 농담이나 말장난에서 사용되는 기제, 좀 더 정확히 말하자면 농담이나 말장난이 만들어질 때 사용되는 기제와 관련이 있다.

이를 프로이트의 유명한 사례인 familionär의 농담을 통해 좀 더 자세히 살펴보자. 농담은 무의식이 어떤 방식으로 작동하는지 잘 보여줄 수 있는 좋은 사례이다. 이 농담은 하인리히 하이네라는 작가의 『여행기』에 실린 것이다. 이 작품에 등장하는 인물 중 히르슈 히야킨트라는 인물이 있는데, 그는 로트실트 공작이라는 사람에 대해서 이렇게 표현했다.

박사님, 신이 제게 모든 은총을 내리셔서, 나는 잘로몬 로트실

트 옆에 앉았는데, 그는 나를 완전히 자신과 같은 부류로, 아주 familionär 하게 대했답니다.[15]

히르슈 히아킨트는 복권 판매상이며 티눈 제거 기술자로 그다지 부유한 인물이 아니었다. 그런데 그의 옆에 앉은 잘로몬 로트실트 는 매우 부유한 사람이었음에도, 히아킨트를 친밀하게 대해주었다. 즉 로트실트는 자신을 낮추어 히아킨트와 자신이 같은 부류인 것처 럼 행동했다. 문제는 로트실트의 겸손에는 백만장자만이 할 수 있 는 어떤 독특한 태도가 포함되어 있어 상당히 불쾌하게 느껴졌다는 점이다. 즉, 로트실트는 히아킨트를 매우 친밀하게 대했지만, 어디까 지나 백만장자가 할 수 있을 만큼만 그렇게 대했다. 그래서 히아킨 트는 로트실트의 거만한 친절함을 비꼬기 위해 familionär라는 단 어를 만든 것이다. 이 농담에서 사용된 familionär라는 단어는 '친 밀한 familiär'과 '백만장자 millionär'로 이루어져 있다. 이 두 단어 가 합쳐져서 familionär라는 단어가 만들어진 것이다. 로트실트의 친절함은 '백만장자의 친절함'이었다.

familiär

millionär

familionär

---

15) 지그문트 프로이트. 임인주 옮김. 〈농담과 무의식의 관계〉 열린책들. 2011. p.21.

여기서 familiär과 millionär은 mil-är이라는 기표를 교두보 삼아 연결된다. 여기서 연결을 가능하게 만든 것은 기표이지 의미가 아니다. 단순히 기표적 유사성을 토대로 두 가지 상이한 기표가 연결된다. 압축은 이처럼 두 가지 단어가 연결되어 합성어를 만들어지는 과정을 가리킨다. 여기서 중요한 것은, 압축의 특징이다. 압축은 의미가 아니라 그것이 순수하게 청각적인 표상의 유사성(mil-är)만을 따라간다. "이 농담 그룹(표현의 농담)의 기술은 단어의 의미보다 단어의 소리에 정신적 주의를 기울이는 것, 사물과 표상의 관계로부터 주어지는 의미를 단어의 청각적인 표상이 대신하는 데에 그 본질이 있다."[16] '친밀한'이라는 말과 '백만장자'라는 말은 그 의미상에는 어떤 공통점도 존재하지 않는다. 그렇지만 이 두 단어는 mili와 är라는 공통 요소를 갖고 있었기 때문에 familiär와 millionär는 서로 연결될 수 있었다.[17] 이것이 무의식이 작업하는 방식이다.

스위스의 언어학자인 페르디낭 드 소쉬르(Ferdinand de Saussure)에 따르면 단어는 기표와 기의로 나뉘어진다. 기표는 언어의 청각적 이미지를 가리키며 기의는 청각적 이미지에 부착되어 있는 의미를 가리킨다. 이를테면, 나무라는 단어는 나무라는 소리(청각적 이미지)와 나무의 이미지로 구성되어 있다. 프로이트는 이미 단어에 대한

---

16) 같은 책. p.156.
17) 농담을 만들어내는 기술에는 압축뿐만 아니라 전위 무의미한 것이나 반대를 통한 표현, 간접적 표현 등이 존재한다. 이들 모두 압축과 같이 언어의 청각적인 요소만을 중시하는 특징을 보인다. 이에 대해서는 〈농담과 무의식의 관계〉 2장 참조.

소쉬르적 구분에 대해 인식하고 있었는데, 이는 그가 단어의 청각적인 표상과 의미를 구분했다는 데서 알 수 있다. 소쉬르의 용어를 통해 표현하자면 농담은 기표 수준에 한정된 작업을 통해 만들어진다.

농담을 만드는 기술은 꿈이 만들어지는 작업과 아주 유사하다. 꿈에서도 언어의 청각적인 요소, 즉 기표에만 집중하며 꿈을 만드는 작업이 발생하기 때문이다. 이 사실은 꿈 작업을 다루는 대목 중 어느 한 부분만 살펴보아도 쉽게 확인할 수 있다.[18] 이처럼 꿈과 농담은 서로 유사한 방식으로 만들어지는데, "기술 모두가 예외 없이 꿈-작업에서 사용된다."[19]는 이 사실이 중요하다. 이 때문에 프로이트는 꿈과 농담 사이의 관계에 대해 주목한다. "이러한 일치로부터 농담-작업과 꿈-작업은 적어도 어떤 본질적인 점에서는 동일한 것임에 틀림없다고 추론할 수 있지 않겠는가?"[20]

여기서 프로이트가 주목하는 것은 농담과 꿈이 만들어질 때 공통으로 적용되는 '작업방식'이다. 그렇다면 이 작업방식은 무엇일까? 먼저 프로이트는 농담을 만들어낼 때 인간이 의식적 사고가 아니라, 무의식적 사고에 의존한다는 사실에 주목한다. "농담은 의도하지 않았던 착상으로서의 성격을 아주 뚜렷하게 갖는다. 우리는 어떤 농담을 하게 될지 미리 알지 못하며, 단지 언어적으로 포장하기

---

18) 꿈의 작업에 대해서는 〈꿈의 해석〉 6장을 참조할 것. 지그문트 프로이트. 김인순 옮김. 〈꿈의 해석〉 열린책들. 2010.

19) 지그문트 프로이트. 임인주 옮김. 〈농담과 무의식의 관계〉 열린책들. 2011. p.115

20) 같은 책. p.210.

만 한다."[21] 이 문장을 좀 더 자세히 살펴보자. 농담은 의도하지 않았던 착상으로서의 성격을 갖는다는 말은 농담의 내용이 부지불식간에 우리의 정신 속에 나타난다는 것을 의미한다. 농담의 주체는 농담을 미리 준비하는 것이 아니라, 갑자기 해당 상황에서 어떤 말을 하면 재미있을 것이라는 생각이 드는 것이다. 이때 우리가 농담을 위해 할 수 있는 일은 그것을 '언어적으로 포장'하는 일, 즉 말로 내뱉는 일이다. 여기서 농담을 만들어내는 것은 농담하는 주체가 아니다. 생각이 떠오르고 주체는 그것을 표현할 뿐이기 때문이다. 주체가 말하는 것이 아니라 말이 주체를 통해 나타나는 것이다.

여기서 프로이트가 지적하는 것은 농담이 자연 발생적으로 떠오른다는 것이다. 우리가 그것을 억지로 만들어내려고 하거나 기억해내려고 하면 잘 생각나지 않는다. 그것은 어떤 순간이 되면 저절로 떠오른다. 이는 농담이 의식의 질서에서 벗어나 있다는 것을 가리킨다. 농담을 생각나게 하는 것은 의식과 구분되는 또 다른 질서이다. 프로이트는 이 질서에 무의식이라는 이름을 붙였다. 농담은 무의식에 의해 만들어진다. 따라서 "농담이 무의식에 출처를 두고 있음을 시사하고 있다."[22] 핵심은 농담이나 꿈을 만들어내는 또 다른 사고과정, 즉 무의식이 존재한다는 것이다.

인간에게 무의식이 존재한다면, 또 이어질 수 있는 질문은 그것

21) 같은 책. p.212.
22) 같은 책. p.213.

의 기원이다. 그렇다면 무의식의 기원은 무엇일까? 이에 대해 프로이트는 무의식을 유아적인 것이라고 지적한다. "말하자면 유아기적인 것은 무의식의 원천이며, 무의식의 사고과정은 유년기 초기에만 만들어지는 사고과정에 다름 아니다."[23] 어린아이는 단어의 의미에 관심을 기울이는 것이 아니라 청각적인 요소에만 관심을 기울인다. 아이들은 말을 표면적인 요소만을 가지고 유희하곤 한다. 이후 아이는 성장하면서 이성적이고 비판적으로 사고하는 방법을 배워야 한다. 그래서 아이는 언어를 가지고 유희하는 사고방식을 포기한다. 하지만 유아적 사고방식은 완전히 사라지는 것이 아니라 무의식에 남는다. 따라서 농담이 만들어지기 위해서는 사고과정이 무의식에 접촉할 필요가 있다. "농담-형성을 위해 사고는 무의식으로 침전하고, 거기에서 과거 언어유희의 오래된 터를 찾게 된다. 어릴 때 느꼈던 쾌락의 원천을 다시 찾기 위해서 사고는 잠시 유년기 단계로 되돌려진다."[24]

여기서 우리는 프로이트가 발견한 무의식이 무엇인지 대략적으로 윤곽을 그릴 수 있다. 일반적으로 무의식은 어둡고 축축한 본능의 덩어리처럼 묘사되곤 한다. 그것은 깊숙이 억압되어 있으며 그것에 접근하기 위해서는 많은 시간과 노력이 필요하다. 그러나 프로이트가 말하는 무의식은 깊숙이 숨겨진 본능의 덩어리가 아니다. 이는 프로

---

23) 같은 책. p.215.
24) 같은 책. 같은 쪽.

이트의 무의식에 대한 오해이다. 오히려 무의식은 일종의 사고과정이다. 무의식은 농담이나 꿈을 만들어내는 과정 자체를 가리킨다.

　무의식은 의식만큼이나, 좀 더 정확히 말해 의식보다 더욱 정교한 방식으로 작동한다. 이것이 정교한 방식으로 작동한다고 말한 것은 그것이 기표를 조작하는 방식으로 움직이기 때문이다. 무의식은 마구잡이로 작동하는 것이 아니라 언어가 터놓은 길을 따라 작동하는 것이다. 다만 우리는 그러한 무의식의 작업 과정을 의식할 수 없다. 그것은 부지불식간에 작동한다. 그것은 말 그대로 무의식적으로 작동하는 사고과정이다.

　여기서 우리는 프로이트가 왜 정신분석을 위해 자유연상이 필요하다고 했는지 확인할 수 있다. 무의식이 기표의 사슬들 그 자체를 의미하는 이상, 무의식에 접근할 수 있는 유일한 길은 자유연상뿐이다. 의식적 사고를 포기하고, 어린아이와 같이 사고의 흐름에 자신을 맡길 수 있어야 한다는 것이다. 그것은 억압되어 있던 무의식의 흐름을 겉으로 드러내려는 것이다.

무의식과 언어

■ 무의식은 인간에게 남아있는 동물적인 본능처럼 알려져 있다. 인간에게 내재해있는, 그러나 그 스스로도 통제할 수 없는 본능 말이다. 하지만 프로이트적인 관점에서 바라볼 때 무의식은 이와 같은 것이 아니다. 무의식은 동물적이지도 않고 본능이지도 않다. 우리는 동물에게서 무의식을 기대할 수 없다. 무의식이 언어를 참조하면서 작업한다는 사실은, 그것이 언어를 사용하는 인간에게만 존재한다는 추론을 가능케 한다. 무의식은 말하는 동물로서 인간만이 가진 특징이다. 언어를 가지고 유희할 수 있는 동물은 인간뿐이다.

무의식을 분석하는 데 있어 정당성을 부여하는 것은 바로 언어이다. 내담자가 보고하는 증상과 그것에 대한 분석 사이에 기표적인 연결이 있는지가 중요하다. 이것이 중요한 이유는 증상에 대해 가능한 해석의 종류가 사실상 무한하기 때문이다. 이런 관점

에서 보면 이 해석이 옳은 것 같고 다른 관점에서 보면 그것이 옳은 것 같다. 즉 증상에 의미를 부여하는 방식은 매우 다양할 수 있다. 하지만 이러한 경우 해석은 아무런 효과를 발휘하지 못한다. 내담자는 그 해석이 옳다고 생각하지 않는다. 이는 무의식의 언어학적 특성을 토대로 분석이 행해지지 않았기 때문이다. 실제로 증상을 분석해보면 옳다고 여겨지는 해석, 즉 진리효과를 만들어내는 해석은 기표로 연결된 경우에 한정된다. 내담자가 떠올린 기억이 증상과 언어학적으로 연결된 경우에만 그것은 효과가 있다.

하나의 기표와 또 다른 기표를 연결하는 무의식은 인간이 사용하는 언어가 모두 개별적인 의미를 갖고 있다는 사실을 보여준다. 이를테면 검은 개는 단순히 검은색 털을 가진 개과의 동물을 의미하는 것이 아니다. 어떤 사람에게 검은 개는 아무런 의미가 없을 수 있다. 하지만 어떤 사람에게 검은 개는 과거의 끔찍했던 기억을 상기시켜 증상을 촉발시키는 방아쇠로 기능할 수도 있다. 검은 개가 갖는 의미가 사람마다 다른 것이다. 그리고 그 의미는 개인의 역사와 밀접한 관련이 있다. 즉, 하나의 기표에 연동되는 두 번째 기표는 사람마다 차이가 있다. 따라서 무의식을 분석하기 위해서는 언어라는 길을 따라서 개개인이 살아왔던 역사를 탐구해야 한다.

그러나 이러한 탐구의 과정은 쉽지 않다. 바로 저항이 존재하기

때문이다. 자아는 무의식적 연상을 받아들이려 하지 않는다. 먼저 증상에 어떤 의미가 있을 것이라는 가정을 내리기가 쉽지 않다. 더 나아가 설령 의미가 있다는 가정이 있으며 증상과 연동된 과거의 기억이 떠오른다 하더라도 이 기억은 재차 억압되는 운명을 겪게 된다. 사실 어떤 경험을 하거나 행동을 할 때 그것과 관련된 과거의 기억들이 머릿속에 스쳐 지나가는 일이 있곤 하다. 그 기억들은 마치 그 당시를 직접 경험하는 것처럼 생생하게 기억되는 경우가 보통이다. 하지만 이 기억들이 갖는 중요성은 곧잘 무시되거나 자아에 불쾌감을 유발한다. 이 때문에 자아는 그것을 다시 억압해버린다. 그러나 그 기억들을 억압하는 사실 자체가 이미 그것이 중요하다는 것을 의미한다.

무의식적 사고과정이 억압되는 이유는 그것이 어린아이의 말장난처럼 보이며 다소 비합리적인 것처럼 보이기 때문이다. 과거의 검은 개에 대한 기억 때문에 현재 검은 개를 두려워하는 것은 비상식적이다. 과거의 개와 현재의 개가 다른데 거기에 대해서 공포증을 보이는 일은 자기가 생각해도 이상해 보일 수 있다. 그래서 어떤 현상이 다른 것을 연상시킨다 하더라도 그것을 말로 표현하지 않게 된다. 하지만 프로이트가 우리에게 알려준 것은 그러한 연상을 따라가는 작업이야말로 치료의 동력이라는 사실이다.

분석을 위해서는 자아가 저항감을 극복할 수 있어야 한다. 적어도 자아에는 하나의 요구가 부여되는데 그는 머릿속에 떠오르는 것을

억압하지 않고 보고할 수 있어야 한다. 때문에 분석가는 자아가 저항을 극복할 수 있도록 만들며 자아는 분석을 통해 무의식에 대해 개방적인 태도를 취하도록 만든다. 이 때문에 분석이 종료되는 경우 내담자는 종종 농담을 할 수 있게 되는 것은 우연이 아니다. 무의식적 연상에 대해 취하는 태도에 따라 농담의 가능성이 나뉘기 때문이다. 농담의 가능성은 무의식적 사고에 대한 주체적 포지션과 관련되어 있다. 프로이트가 지적한 것처럼 무의식적 사고를 발화하는 것은 성인에게는 엄격하게 금지되어 있다. 결국, 이러한 금지는 언어유희를 통해 도출되는 쾌락을 배제하며 이러한 금지는 외부 현실의 규칙을 수용하면서 만들어진다. 반대로, 농담을 통해서 알 수 있듯이 무의식의 작업에 맡긴 채 연상 내용을 말로 표현하는 일은 즐거움을 수반한다. 그것은 어린아이 같은 상상력이 갖는 즐거움, 함축적이고 시적인 말하기가 갖는 즐거움이다. 이런 의미에서 농담을 할 수 있게 되었다는 것은 우리가 무의식과 충분히 친밀하다는 증거이다. 농담을 하기 위해서는 생각의 흐름을 의식적으로 조작하려는 것이 아니라 그 흐름에 자신을 맡길 수 있어야 하기 때문이다.

프로이트가 연구방법으로 선택한 자유연상은 무의식이 작동하는 방식과 관련되어 있다. 머릿속에 떠오르는 연상들이 순수하게 자의적으로 나타나는 것처럼 보이지만, 그 모습을 세밀하게 관찰해보면 나름의 규칙을 가지고 있다는 사실을 발견했다. 즉 자유연상은 모종의 규칙에 의해 꽉 짜여 있다는 것이다. 이런 의미에서 자유연상

은 매우 역설적인 표현이다. 자유연상은 사실 자유롭지 않다. 각 연상이 무분별하게 떠오르는 것 같지만, 연상의 과정에는 규칙이 있다는 것이다. 정신의 수준에서 우연히 일어나는 일은 존재하지 않는 것인데, 프로이트가 이 규칙성에 주목해 내담자에게 자유연상을 할 것을 권유했다.

 그렇다면 이 규칙이란 무엇일까? 문제는 바로 이것이다. 여기에서 우리가 주목해야 할 것은 프로이트의 저술들을 살펴보면 언어에 대한 강조가 아주 많다는 사실이다. 『히스테리 연구』에서 늑대인간의 늑대 꿈 분석까지, 그의 분석은 거의 언어를 중심으로 이루어진다. 그렇다면 왜 그는 언어에 이토록 집중했던 것일까? 프로이트가 언어적인 요소에 집중한 것은 무의식이 언어학적인 규칙들에 의해 짜여 있기 때문이다. 자유연상이 무의미한 생각의 연쇄가 아니라 어떤 규칙에 종속되어 있다면, 그 규칙은 바로 생각의 연쇄가 언어의 사슬, 기표의 사슬에 의해 얽혀 있다는 것을 가리킨다. 자유연상은 기표라는 틀에 의해 짜여 있다. 자유연상은 무의식을 틀 짓고 있는 기표의 사슬을 따라가는 것이다. 무의식에 접근할 수 있는 연구 도구는 바로 언어, 좀 더 정확히 말해 기표다.

Les écrits techniques de Freud

2장

―

프로이트의 해석

해석이란 무엇인가?

■ 정신분석의 테크닉의 핵심은 바로 해석이다. 내담자는 연상하고 분석가는 그 내용을 듣고 해석한다. 이것이 일반적으로 정신분석 임상에 대해 떠올릴 수 있는 이미지일 것이다. 먼저 정신분석가는 내담자의 말과 행위가 갖는 무의식적인 의미가 무엇인지 해석을 통해 밝힌다. 주체는 자신의 무의식에 대해 알 수 없기 때문이다. 무의식에 대한 지식을 갖는 분석가는 갖가지 단서들을 통해 해석한다. 해석하고 분석하는 사람은 분석가이며 내담자는 분석가에 의해 분석 당한다.

여기서 몇몇 윤리적이고 이론적인 문제를 둘러싼 논쟁이 발생한다. 정신분석가의 해석의 옳고 그름을 중심에 두고 말이다. 내담자는 자신의 무의식에 대해서 알 수 없다. 그러므로 분석가가 증상이나 꿈의 의미를 해석한다고 해서 그것의 참과 거짓을 명확히 파악할 수 없다. 그렇다면 해석의 진리를 판단하는 이는 누구인가? 분

석은 해석을 위주로 진행되기 때문에 또 분석의 구조상 분석가는 무조건적으로 진리를 말하는 위치에 서게 된다. 따라서 내담자에 게는 선택권이 없다. 주체가 분석가의 해석을 받아들인다면 그것은 해석이 옳은 것이 되며 반대로 해석이 수용되지 않는다면 그것은 주체의 저항 때문이라는 식으로 이해하는 것이 가능하다. 그러나 이런 방식으로 주체를 치료하는 것에는 분명히 문제가 있다. 옳고 그름을 판단할 수 없기 때문에 내담자는 분석가의 해석을 믿을 수밖에 없다. 그렇다면 주체는 분석가가 하는 말을 그대로 믿어야만 하는가? 자신에게 어떤 효과도 불러일으키지 못하는 그 말을 받아들여야만 하는 것일까?

만약 위와 같은 방식으로 임상을 진행하는 분석가가 있다면 같은 논리에서 비판받아 마땅하다. 그러한 분석가는 분석가로서 자신의 권위에 의거해 분석을 진행하는 것이기 때문이다. 그러나 이는 프로이트에게 있어서 이는 정당하지 못한 비판이다. 프로이트는 「분석에서의 구성」이라는 논문에서 이를 보여주었다. 당시에도 정신분석에 대한 같은 비판이 존재했다. 앞에서 설명한 것과 같은 논리에서 환자가 '네'라고 말하면 분석가가 맞는 것이고 '아니오'라고 말해도 분석가가 맞는 것이다. 분석가는 틀리지 않는다. 하지만 프로이트는 이러한 비판이 정당하지 못하다고 일축한다. 왜냐하면, 해석의 진위를 판단하기에 예나 아니오라는 환자의 대답은 적절치 못하기 때문이다.

그렇다면 분석가는 해석이 맞다는 것을 어떻게 판단하는가? 이를 확실히 해주는 내담자의 응답이 있다. 그것은 바로 "나는 그것을 전혀 생각해보지 않았습니다."25)라는 말이다. 이는 무의식의 특성을 그대로 반영한 것이다. 무의식적이라는 말은 애초에 내담자에게 인식되지 않는다는 것을 말한다. 따라서 내담자는 분석가가 제시한 내용에 대해서 생각하는 것 자체가 불가능하다. 그러므로 내담자가 해석의 내용에 대해 진위를 판단하는 것 역시 불가능하다. 분석가는 내담자의 예나 아니오라는 말 모두 의심해야 한다.

앞에서 해석이라고 표현한 것은 프로이트가 구성(construction)이라고 부른 기법이다. 일반적으로 해석과 구성을 혼용해서 사용하지만, 이는 명확히 구분되어야 한다. 해석은 꿈이나 말실수 같은 무의식의 형성물에 행해지는 것이라면 구성은 해석된 내용을 토대로 내담자의 잊힌 유년기를 되살리는 기법을 가리킨다.26) 여기서 말하는 잊힌 유년기란 내담자가 도저히 기억할 수 없는 사적 역사의 빈틈이다. 프로이트가 「성욕에 대한 세 편의 에세이」에서 지적했듯이 인간은 자신의 생후 초기 몇 년을 거의 기억하지 못한다. 그 당시 아이들은 명민하다고 할 수 있을 정도로 지적능력이 발달해 있는데, 성인이 된 후에는 그 당시 기억이 거의 통째로 사라져버린다. 아무리 똑똑하고 기억력이 좋은 사람도 자신의 유년 시절 경험을 기억하는

25) 지그문트 프로이트. 이덕하 옮김. 「분석에서의 구성」〈끝낼 수 있는 분석과 끝낼 수 없는 분석〉 도서출판 b. 2004. p.394.
26) 같은 책. p.390.

사람은 없다. 기억난다 하더라도 단편적인 기억들만이 있을 뿐이다. 따라서 그것에 접근할 수 있는 방법은 그 시기를 재구성하는 것이다. 유년기에 타자와 상호작용했던 방식은 우리 자신에게 흔적을 남긴다. 이런 흔적을 토대로 이 잊힌 유년기를 재구성할 수 있다. 이러한 과정은 현재 남겨진 토대를 바탕으로 잊힌 선사(préhistoire)를 구성한다는 점에서 고고학의 연구 과정과 닮아있다.

여기서 알 수 있듯 프로이트에게 있어 해석과 구성은 다르다. 그렇다면 프로이트에게 있어 해석이란 무엇일까? 해석은 대체로 무의식의 형성물이 갖는 진짜 내용을 분석가가 폭로하는 기법이다. 내담자가 품은 생각들, 충동들 그리고 환상들이 억압되는 경우 그것들은 말실수나 농담, 꿈, 망각 그리고 증상 같은 무의식의 형성물로 나타난다. 무의식의 형성물은 억압된 것이 존재한다는 것을 가리키는 신호인데, 내담자의 자아는 그 형성물이 갖는 본래 의도를 알지 못하며, 그것들은 무의미한 얼룩처럼 경험된다. 이때 분석가는 무의식의 형성물이 갖는 진정한 의미를 밝혀낸다.

무의식의 형성물의 진의를 밝혀내는 것이 해석의 기법이지만, 해석을 분석가가 어떤 방식으로 수행해야 하는지에는 논쟁의 여지가 있다. 실제로 프로이트의 해석 방식에는 시기마다 차이가 있다. 초기에 그는 직접적으로 억압된 것들의 의미를 전달하는 방식으로 해석을 행했던 적이 있었다. 그러나 그는 곧 그런 실천을 포기했다. 내담자들은 해석을 받아들이지 않거나 심지어는 치료를 중단해버

리기까지 했기 때문이다. 그렇다고 해서 그가 해석이라는 기법을 완전히 포기한 것은 아니다. 프로이트는 해석을 다른 방식으로 사용했다. 그렇다면 프로이트가 정신분석 임상에서 해석이라는 용어를 사용했을 때 그는 어떤 의미에서 사용했던 것일까? 그는 정신분석 임상에서 해석이라는 테크닉을 어떻게 활용했는가?

해석의 의미

■ 프로이트에게 해석이란 무엇을 의미하는 가? 그는 『꿈의 해석』에서 "'꿈을 해석한다'는 것은 꿈에 '의미'를 부여한다는 것을 의미한다."[27]라고 말한다. 꿈이란 의미를 이해할 수 없는 현상처럼 보인다. 꿈이 의미를 가질 수 있다면 그것이 해석되기 때문이다. 우리는 해석을 통해 그 꿈이 무엇을 의미하는지 알 수 있게 된다.

우리가 여기서 염두에 두어야 할 것은 '의미'라는 단어가 의미하는 바이다. 의미라는 단어가 의미하는 것은 무엇일까? 프로이트에게 있어 의미를 부여한다는 것은 "기타 정신활동과 마찬가지로 동등하고 중요한 고리로서 우리 정신활동의 사슬 속에 연결된 무엇으로 꿈을 대체하는 것을 뜻한다."[28] 즉, 꿈은 우리의 심리적 활동의

---

27) 지그문트 프로이트. 김인순 옮김. 〈꿈의 해석〉 열린책들. 2010. p.134.
28) 같은 책. 같은 쪽.

결과로 만들어진다는 것이다. 다른 무의식의 형성물과 마찬가지로, 우리는 꿈이 우리 자신의 정신에 대해서 아무것도 알려 주는 게 없다고 간주한다. 꿈을 꾼 이유를 물어보면 많은 사람이 '모른다'고 대답한다. 대신 꿈이 미래에 닥칠 불행이나 행운 따위를 알려준다고 믿는다. 꿈과 우리의 정신활동은 아무런 관계가 없다고 생각한다. 하지만 프로이트가 밝힌 바에 따르면 꿈은 꿈꾼 사람 본인의 정신적인 활동으로 만들어지는 산물이다. 우리가 알지 못하는 정신활동, 즉 무의식적인 정신활동 말이다. 꿈을 꾸는 주체는 의식이 아니라 무의식이다.

꿈이 해석될 수 있는 이유는 그것이 '정신활동의 사슬 속에 연결'되어 있기 때문이다. 꿈은 연결되어 있으며 하나의 고리이다. 그것은 단순히 우발적으로 드러난 무의미한 현상이 아니다. 실제로 무의미해 보일지라도 말이다. 우리는 그 과정을 손쉽게 의식할 수는 없지만, 꿈을 만들어내는 정신의 작용이 존재한다. 꿈에는 어떤 목적이 있으며 그 목적을 이루기 위해 만들어진다는 것이다.

그렇다면 이 목적은 무엇인가? 꿈은 우리가 낮 동안에 이루기를 소망했지만, 포기할 수밖에 없었던 소망을 대신 성취하기 위해 작동한다. 꿈은 우리가 소원을 성취하는 모습을 현재형으로 보여준다. 예를 들어 목이 마른 상태에서 잠이 들면 무의식은 물을 마시는 꿈을 만들어낸다. 그래서 프로이트는 꿈은 소원성취라고 말한다.

하지만 꿈이 우리의 소망을 이뤄준다는 것을 인식하기란 쉽지 않

다. 모든 꿈이 소망을 노골적으로 보여주는 것은 아니다. 왜 그럴까? 왜냐하면, 꿈이 충족시켜주는 소망이 억압된 것일 경우 꿈은 그 소망을 원래 모습대로 보여주지 않는다. 정신 속에는 억압된 소망이 있고 그 소망을 억압하는 심급이 존재한다. 낮 동안에 어떤 소망이 떠올랐지만, 우리는 그 소망이 너무나 낯설고 두려워서 다시 억압한다. 이때 낮 동안에 억압되었던 소망은 수면을 통해 의식화될 기회를 얻게 된다. 하지만 검열하는 심급은 여전히 작동하고 있기 때문에 소망은 날 것 그대로 의식에 떠오를 수 없다. 꿈은 검열하는 심급을 피하려고 원래의 소망을 무의식적인 방식으로 번역한다. 꿈은 원래 소망을 그대로 보여주는 것이 아니라 다른 모습으로 바꿔버린다. 이 때문에 원래의 내용을 알아볼 수 없게 되는 것이다.

따라서 꿈을 해석하는 것은 꿈이 번역해놓은 텍스트를 다시 의식의 언어로 번역한다는 것을 의미한다. 이때 번역을 위해 필요한 것이 꿈꾼 사람의 연상이다. 프로이트는 꿈을 해석하기 위해 환자에게 꿈과 관련하여 떠오르는 생각들을 말해달라고 요구했다. 꿈을 하나의 고리로써 이용하며, 그것과 연결된 기억들을 찾는 것이다. 이러한 기법이 가능한 이유는 꿈이 정신활동의 사슬 속에 연결되어 있기 때문이다. 낮 동안의 기억들이 있고 꿈은 그 기억들을 재료로 해서 꿈을 만들어낸다. 꿈과 기억은 연결되어 있다. 하지만 이 사실을 알기란 쉽지 않다. 꿈이 낮 동안의 경험과 연결되어 있으리라는

생각 자체를 떠올리기 어렵다. 이 때문에 꿈은 무의미한 현상, 해석 불가능한 현상처럼 보이게 된다. 이런 의미에서 꿈을 꾼 이유를 알지 못한다는 사실을 다른 말로 표현하자면 정신활동의 사슬이 끊어져 있는 것이라고 할 수 있다. 프로이트의 관심을 끌었던 것은 바로 이 잃어버린 고리이다. 그는 해석을 통해 이 끊어진 고리를 다시 복원하는 것이 가능하다는 것을 보여주었다.

꿈 해석 방법

■ 그렇다면 프로이트는 왜 꿈이라는 현상에 관심을 두게 되었을까? 이는 내담자들이 꿈을 이야기했기 때문이다. 프로이트는 정신분석 임상을 하면서 내담자들에게 자유연상을 요구했다. 그러다 보니 내담자들은 자신의 꿈에 관해서도 이야기했는데, 문제는 이들이 꿈에 대해서는 제대로 연상을 이어나가지 못했다는 데 있다. 겉으로 드러난 꿈 내용, 즉 외현적 꿈 내용의 '전체'에 대해서는 환자는 어떠한 연상도 이어나가지 못했다. 이때 프로이트는 히스테리 증상을 치료하면서 활용했던 방법을 꿈에도 적용할수 있다는 생각을 하게 된다. 증상 역시 내담자가 어떤 것도 기억해내지 못하는 현상이었다. 하지만 증상에 대한 연상을 통해 증상의의미를 밝혀낼 수 있었다. 이 방법을 그대로 꿈에 적용한다. 꿈에대한 연상을 통해 꿈의 의미를 발견해내는 것이다.

그러나 꿈을 해석하는 일은 쉽지 않았다. 내담자들은 연상을 이

어나가지 못했다. 따라서 그는 내담자들이 연상을 이어나가지 못하는 이유부터 추적한다. 그는 그 이유를 숙련도에서 찾는다. 그는 아직 꿈 해석에 익숙하지 않은 내담자들은 꿈의 전체 내용에 대한 연상을 떠올리지 못한다고 말한다. "아직 제대로 훈련을 쌓지 못한 환자에게 꿈과 관련해 무슨 생각이 떠오르냐고 물으면, 대개 정신적으로 아무것도 포착하지 못한다."[29] 내담자가 꿈을 해석하지 못하는 이유는 아직 꿈 분석 훈련을 제대로 받지 못했기 때문이다.

프로이트는 이 문제를 해결하기 위해 꿈 내용을 조각내는 방법을 선택했다. 꿈 해석에 능숙하지 않은 내담자들도 "꿈을 여러 부분으로 분할시켜 제시하면, 환자는 각 꿈-부분의 배우 사고라고 표현할 수 있는 일련의 생각들을 떠올린다."[30] 그는 전체적인 꿈 내용이 아니라 꿈의 내용을 조각낸 후 각 세부적 내용에 대해서 연상을 이어가도록 요구했다. 지붕 위에 보트가 올라가 있는 꿈을 꿨다고 한다면 지붕에 대한 연상, 보트에 대한 연상, 위에 올라가 있는 것에 대한 연상을 이어나가는 식이다. 이렇게 하면 각 요소와 관련된 기억이 떠오른다.

정신분석의 꿈 해석 방식은 전통적인 의미의 꿈 해석 방법과 일정 부분 유사하면서도 상이하다. 먼저 전통적인 의미의 꿈 해석은 꿈을 이해할 수 있는 현상이라고 가정한다는 점에서 정신분석적인

---

29) 같은 책. p.143.
30) 같은 책. 같은 쪽.

해석과 일치한다. 꿈에는 의미가 있다. 그러나 이 둘이 완전히 같지는 않은데 숨겨진 의미를 밝혀내기 위해 사용하는 구체적인 방법에서 서로 차이가 나기 때문이다.

전통적인 꿈 해석 방식은 크게 두 가지이다. 하나는 상징적인 꿈 해석 방식이며, 나머지 하나는 암호해독법이다. 상징적인 꿈 해석은 꿈을 꿈의 내용과 유사한 형태를 보이는 다른 현실적 현상으로 대체하는 것을 의미한다. 이를테면 일곱 마리의 마른 암소가 일곱 마리의 살찐 암소를 잡아먹는 꿈을 들 수 있다. 이 꿈은 7년간 이어진 풍년이 이후 7년의 기근으로 이어진다는 것을 상징한다고 해석된다.

암호해독법은 꿈을 하나의 암호문처럼 다루는 것이다. 이러한 방법에 따르면 꿈의 모든 세부적인 요소들에는 다른 의미가 내재하여 있다. 꿈에서 치아가 가족을 상징한다고 보는 것처럼 말이다. 꿈의 부호와 그것이 의미하는 다른 부호와의 관계는 이미 결정되어 있는 것이며, 해석자는 해몽서를 통해 이 관계를 확인할 수 있다.

이 두 가지 방법은 꿈 내용에 접근하는 방식에 따라 차이가 난다. 먼저 상징적인 꿈 해석은 꿈의 부분 내용이 아니라 전체적인 형태에 접근한다. 두 번째 암호해독법은 꿈의 부분적인 요소에 주목한다.

그럼에도, 정신분석은 두 가지 형태의 꿈 해석 방식 모두를 거부한다. 이유는 상징적인 꿈 해석 같은 경우는 보편적인 해석, 즉 모든 꿈을 그와 같은 방식으로 해석하는 것이 불가능하다는 점이다. 꿈 내용이 일관된 이야기를 가지고 있다면 그런 식으로 해석할 수

있다. 그러나 꿈이 항상 이해하기 편한 형태로 나타나는 것은 아니다. 앞서 말한 것처럼 전체 꿈 내용에 대해 연상을 이어나갈 수 있는 사람은 극히 드물다. 또한, 암호해독법은 해몽서의 신뢰성으로 인해 한계를 갖는다. 암호해독법의 해석이 올바르려면 해몽서의 번역이 적절해야 한다. 하지만 해몽서가 옳다는 증거는 어디에도 없다.

프로이트의 방법은 이 두 가지 해석 방법의 한계를 모두 극복한다. 그는 꿈의 전체적인 내용을 잘게 쪼개 각각의 내용에 연상을 진행하는 방식을 선택한다. 즉, 그는 꿈을 부분적으로 접근한다. 이는 암호해독법의 방식을 차용하며 상징적인 꿈 해석 방식의 한계를 극복하는 것이다. 또한, 그는 꿈 해몽서를 꿈꾼 사람의 연상으로 대체함으로써 해몽서의 신뢰성 문제를 해결한다. 해몽서로 사용되는 것은 꿈꾼 사람의 경험이기 때문이다. 이는 꿈은 어디까지나 꿈꾼 사람의 경험을 통해서만 이해할 수 있다는 것은 의미한다.

프로이트식 꿈 해석 방식을 그 유명한 이르마의 주사 꿈을 통해 예를 들어보자. 이 꿈은 "넓은 홀- 우리는 많은 손님들을 접대하고 있다. - 손님 가운데 이르마가 눈에 띈다."[31]라는 문장으로 시작한다. 프로이트는 이 문장에 대한 연상을 진행한다. 이 홀은 프로이트가 그해 여름 지냈던 집의 홀을 가리키는 것이었다. 이 꿈은 이 집에서 프로이트 아내의 생일 파티가 열리기 이틀 전에 나타났다. 프로이트는 아내의 생일 파티에 여러 사람이 찾아올 것이라 예상했

---

31) 같은 책. p.147.

으며, 그중에 이르마도 있었다고 말한다.

이어지는 꿈-내용은 다음과 같다. "나는 그녀가 내 해결책을 받아들이지 않은 것을 비난한다. 나는 말한다. '당신이 아직도 통증을 느낀다면 순전히 당신 잘못입니다.'"[32] 프로이트는 왜 이러한 내용의 꿈을 꾸었던 것일까? 이 당시 프로이트는 증상이 담고 있는 무의식적인 의미를 알려주는 방식으로 정신분석 임상을 진행했다. 그러면서 치료가 성공적으로 진행되기 위해서는 환자가 그러한 해석을 받아들여야만 한다. 만약 환자가 해석을 받아들이지 않으면 치료는 진행되지 않는다. 따라서 치료가 진행되지 않는 책임은 환자에게 있다는 주장이 가능해진다. 왜냐하면, 분석가로서 프로이트는 해석을 적절하게 했지만, 내담자가 그것을 받아들이지 않았기 때문이다. 여기서 프로이트의 꿈은 치료가 제대로 진행되지 않는 것에 대해 변명을 하는 것이다.

프로이트의 꿈 해석은 위와 같은 방식으로 진행된다. 그는 꿈의 세부내용에 주목하고 각각의 세부내용에 대해 연상을 진행한다. 이러한 작업을 통해 확인할 수 있는 것은 꿈 내용은 개인의 경험과 밀접하게 연결되어 있다는 사실이다. 여기서 우리는 프로이트에게 있어 해석이라는 말이 갖는 의미를 알 수 있다. 해석이라는 기법은 자유연상을 통해 더 이상 아무것도 연상 되지 않는 하나의 기표(꿈)에 또 다른 기표를 연동하는 것을 의미한다. 잃어버린 고리를 복구해내

---

32) 같은 책. p.148.

는 것이 해석이다. 그리고 이 해석은 내담자, 즉 꿈꾼 사람의 연상, 즉 기억을 통해서 진행된다. 실제로 프로이트는 이르마의 주사 꿈의 세부에 대한 연상을 진행한 후 "이것으로 나는 꿈-해석을 끝마쳤다."고 말한다.[33] 이는 프로이트가 해석을 무의식의 형성물들에 연상을 연동하는 기법이라고 생각하고 있다는 것을 잘 보여준다.

---

33) 같은 책. p.159.

무의식의 흐름

■ 정신분석적 해석은 꿈꾼 사람의 연상을 중시한다는 점에서 상징에 의존하는 기계적 해석과는 확연히 구분된다. 정신분석에서 가장 유명한 상징은 아마도 남근 상징일 것이다. 꿈에서 나타난 나무나 권총 혹은 넥타이는 남근을 가리킨다는 기계적 해석 말이다. 권총이나 나무 그리고 넥타이는 충분히 남근 상징으로 나타날 수 있다. 이 모든 요소는 남근과의 연관성이 있기 때문이다. 이를테면, 권총이 총알을 쏘는 것은 소변을 누거나 사정하는 남근을 연상시킬 수 있다. 나무는 발기한 남근을 떠올리게 만들 수 있다. 그뿐만 아니라 넥타이는 남성만이 주로 한다는 것에서 여성에게는 없지만, 남성에게는 있는 어떤 것을 떠오르게 만들 수 있다.

중요한 것은 이러한 해석이 타당성을 갖기 위해서는 꿈을 꾼 사람의 연상이 필요하다는 사실이다. 꿈꾼 사람이 연상을 통해 남근을

떠올릴 수 있어야 한다. 만약 분석이 연상에 의존하지 않으면 이는 분석적인 해석이라고 할 수 없다. 그래서 프로이트는 이러한 해석을 경계한다. 분석가가 순전히 상징에 의거해 해석해낸 내용을 주체에게 설명해주고자 하는 마음을 먹게 된다면 이는 "통상의 방법론에서 적지 않게 이탈한 치료 방법론을 지지하게 되는 것이다."[34]

왜냐하면, 이는 정신분석의 기본적인 치료원칙인 자유연상을 철저하게 배제하는 것이기 때문이다. 정신분석은 무의식이라는 기본 전제를 받아들인다. 인간의 정신의 흐름, 즉 자유연상의 사슬은 무의식적으로 결정되어 있다. 이 때문에 아무리 무의미해 보이는 정신 현상이 나타난다 하더라도 자유연상을 통해 그 본래 의미를 찾아내는 것이 가능하다. 분석치료나 꿈의 해석은 이 같은 전제를 바탕으로 진행된다. 그러나 어떤 사람이 철저하게 상징적인 방식으로, 다시 말해 내담자의 연상을 배제한 체 분석을 진행한다면 여기에는 무의식이 들어설 자리가 없다. 정신분석은 "무의식의 인도"[35]를 따라가야 하는데, 분석가가 해석을 직접적으로 제시한다면 이는 무의식의 인도를 따라가는 것이 아니라, 그것으로부터 벗어나는 일이 될 뿐이다.

분석치료가 자유연상을 요구하는 것은 자연스럽게 떠오르는 생각의 흐름을 따라가기 위한 것이다. 이로부터 우리는 정신분석에서 무

---

34) 지그문트 프로이트. 이덕하 옮김. 「정신분석에서 꿈 해석 다루기」〈끝낼 수 있는 분석과 끝낼 수 없는 분석〉 도서출판 b. 2004. pp.22~23.
35) 같은 책. 같은 쪽.

의식의 인도를 따라가지 않는 행위들은 분석을 진행하는 데 방해가 된다는 사실을 도출해낼 수 있다. 그래서 무의식을 알기 위해 꿈을 분석하는 행위 역시 저항이 될 수 있다. 간혹 치료 세션을 좀 더 잘 이용하기 위해 꿈 내용을 적어놓는 경우가 있다. 이는 분석적으로, 그리고 치료적으로 유용한 행위인 것처럼 보이지만 사실 분석에서 나타나는 하나의 저항에 불과하다. 왜냐하면, 내담자는 머릿속에 떠오른 이야기를 하는 것이 아니라 미리 준비한 이야기를 하는 것이기 때문이다. 여기에는 자유연상이 존재하지 않는다. 자유롭게 떠오르는 생각들을 억압하기 위해 다른 이야기를 준비하는 것이다.

꿈 해석을 거부함에도 불구하고 정신분석으로부터 새로운 자극을 받고 있는 꿈에 대한 '과학적' 연구에서는 잠에서 깨어난 직후의 몇 시간 동안에 있을 수 있는 소위 왜곡과 마모로부터 꿈 텍스트를 충실히 보존하기 위해 항상 정말로 과도한 주의를 기울인다. 심지어 많은 분석가들도 치료받는 사람에게 잠에서 깨어나는 즉시 모든 꿈을 적어놓으라고 주문하는데, 이는 꿈 형성의 조건에 대한 자신의 이해에 철저하게 부합하지 않는 처신으로 보인다. 치료에서 이런 조치는 필요 없다.[36]

정신분석은 의식적인 목적을 가지고 진행하는 것이 아니다. 그 때문에 분석에서 꿈이 갖는 의미를 반드시 밝혀내야만 하는 것은 아

---

36) 같은 책. p.24.

니다. 만약 연상을 진행하던 도중 꿈 내용이 떠올랐다면 분석하는 것이 적절하다. 분석의 핵심은 주체의 연상을 지속하는 것이기 때문이다.

치료 중에 의식적인 목적 표상을 포기하고 우리에게는 항상 우연으로 보이는 것의 안내에 완전히 자신을 맡기라는 것은 피분석자뿐 아니라 의사에게도 무리한 요구라는 것을 나는 알고 있다. 하지만 만약 자기 자신의 이론적 명제를 믿는다면, 그리고 무의식의 인도를 받으면 연결이 만들어질 것이라는 데에 대해 이의를 제기하지 않는다면 항상 보답을 받을 것이라고 나는 보증할 수 있다.[37]

다시 꿈의 해석으로 돌아가자. 꿈 해석을 통해 우리가 알 수 있는 정신분석의 전제는 궁극적으로 꿈에 대해 말할 수 있는 유일한 사람은 꿈꾼 사람 본인이라는 것이다. 꿈의 의미는 꿈꾼 사람의 연상을 통해서만 접근할 수 있기 때문이다. 정신분석 임상에서 무의식에 대한 지식을 보유하고 있는 자는 분석가가 아니라 주체이다. 따라서 "정신분석은 될 수 있는 한 수수께끼의 해답을 피험자 자신이 스스로 말하게 하는 기법을 추구한다."[38]

---

37) 같은 책. p.22.
38) 지그문트 프로이트. 임홍빈·홍혜경 옮김. 〈정신분석강의〉 열린책들. 2010. p.136.

편집증적 해석과 정신분석적 해석

■ 다른 무의식의 형성물 역시 꿈과 마찬가지의 방식으로 해석 가능하다. 정신분석적인 해석은 꿈이나 말실수와 같이 무의미해 보이는 현상들이 여타의 정신활동과 연결된 것이라 가정한다. 의미를 알 수 없는 무의식적 현상이 일어났을 때 연상을 통해 그것에 의미를 부여할 수 있다. 이것이 정신분석이 갖는 특징이다. 무의미한 것을 단순히 무의미한 상태로 두는 것이 아니라 그것을 어떤 의미화의 연쇄 속에 배치하는 것 말이다.

이와 같은 무의식적 정신활동에 대한 정신분석학적 관심은 편집증적 관심과 유사하다. 이들은 무의미한 행위들에서 의미를 읽어낸다는 점에서 공통점을 갖는다. 프로이트는『일상생활의 정신병리학』에서 편집증적 해석과 정신분석적 해석 사이의 관계에 대해 논한다. 그에 따르면 편집증적 해석과 정신분석적 해석 사이에는 공통점과 차이점이 존재한다. 일반적인 사람들은 착오로 인해 발생하는

행위들이 존재한다는 사실을 알고 있지만 그러한 행위들이 아무런 의도나 동기 없이 나타날 수 있다고 생각한다. 그러나 정신분석학은 바로 여기에 의문을 가진다. 실수행위에도 의미가 있다고 생각하며, 또 꿈이나 말실수 같은 행위에서도 특수한 의미를 읽어낼 수 있다고 가정한다. 그리고 그 결과 실제로 그 행위들의 의미가 존재한다는 사실을 밝혀냈다. 정신분석가는 정신 수준에서 일어나는 일에 우연을 가정하지 않는다. 이와 마찬가지로 "편집증 환자는 다른 사람의 정신적 움직임이 외부로 드러날 때 이 행위에 대해서는 어떤 우연적 요소도 인정하지 않는다. 그의 눈에 띈 다른 사람들의 모든 것은 의미를 지닌 것이고 따라서 해석할 수 있는 것으로 비친다."[39] 이를테면, 편집증 환자는 자신이 만난 사람들이 어떤 손동작을 했다는 이유만으로 다른 사람들이 자신을 음해한다고 믿을 수 있다. 정신분석가와 편집증자 모두 우연을 거부한다.

그렇다고 해서 정신분석적인 접근이 편집증의 그것과 완전히 일치하는 것은 아니다. 정신분석과 편집증은 무엇이 다를까? 편집증자는 의미를 타자와 외부세계에 투사한다. 편집증자가 읽어내는 의미는 편집증자에게는 사실이지만 타자에게는 사실이 아니다. 하지만 그는 외부에서 벌어지는 사건들에 의미를 스스로 부여하고 그것을 철저하게 믿는다. 우연이 존재하지 않는 곳은 외부세계이다. 이는 미신을 믿는 것과 상당히 유사한 태도이다. 미신을 믿는 사람들

---

39) 지그문트 프로이트. 이한우 옮김. 〈일상생활의 정신병리학〉 열린책들. 2011. p.340.

은 외부세계에서 벌어진 우연한 사건들에 의미를 부여하고 그것들이 미래의 일을 알려준다고 믿는다. 이를테면, 꿈이 앞으로 일어날 사건을 경고한다는 예지몽에 대한 미신적 믿음을 들 수 있다.

반대로, 정신분석가는 다른 방식으로 접근한다. 프로이트는 다음과 같이 말한다.

나와 미신을 믿는 자들을 구별시켜 주는 것은 다음과 같은 것이다. 즉, 나는 미신을 믿는 자들과는 달리, 나의 정신적 삶이 개입되지 않은 어떤 사건이 일어났을 때 나는 그 사건이 앞날에 대한 숨겨진 비밀을 알려 준다고 믿지 않는다는 것이다. 하지만 나는 나 자신의 정신활동이 비의도적으로 표현되었을 때, 이것은 오직 나와 관계가 있으며 숨겨져 있는 뭔가를 드러내는 것이라고 믿는다. 즉, 나는 외부에서 일어나는 (실제의) 우연은 믿지만, 내부의 (정신적인) 우연은 믿지 않는다. 내부에서 일어나는 일에는 우연이란 없는 것이다.[40]

정신과정에 우연은 존재하지 않는다. 특히, 그런 행위를 한 주체 자신에 대해서 우연은 존재하지 않는다. 꿈이나 말실수 같은 무의식의 형성물은 무의미한 현상도 아니며, 미래에 대해서 알려주는 것은 더더욱 아니다. 그것이 말해줄 수 있는 것이 있다면 우리 자신에 한에서이다. 이는 매우 타당한 지적이다. 그러한 행위를 한 사람이 우리 자신이라는 점에서 말이다. 무의식의 형성물은 나도 모르는

---

40) 같은 책. p.343.

사이에, 의식이 자신의 완고한 통제권을 놓친 상태에서 나타난다. 이때 그 행위를 한 주체는 분명 우리 자신이다. 우리가 그 행위를 우리 자신의 것으로 받아들일 수 없다 해도 이는 달라지지 않는다. 우리는 그것이 우리 자신에게 속해있는 것이 아니라고 생각하며 부정하고자 한다. 바로 이 때문에 프로이트는 억압이라는 말을 사용했다. 억압된 것은 내 안에 있지만 내가 받아들일 수 없는 어떤 것을 의미한다. 우리는 내가 수용할 수 있는 나와 내가 수용할 수 없는 나로 분열되어 있다. 무의식의 형성물은 우리 자신, 좀 더 정확하게는 우리 스스로도 수용할 수 없는 우리 자신에 대해서 말한다.

그렇다면 프로이트는 편집적이고 미신적인 세계관, 즉 외부세계에 대해서 우연을 인정하지 않는 세계관을 어떻게 평가하는가? 먼저 그것은 주체의 무의식이 외부세계에 투사된 것이다. 미래에 대한 어떤 믿음은 그렇게 되었으면 좋겠다는 주체의 내밀한 소망을 투사된 것이다. 다시 말해 '그렇게 될 것 같다'라는 믿음은 '그렇게 되었으면 좋겠다'라는 소망을 의미한다. 이런 점에서 미신은 주체의 무의식을 알려주는 단서들로 이용 가능하다.[41]

또한, 이러한 세계관은 "과학 이전의 세계관을 구성하는 하나의 논리적인 보완물이다."[42] 왜냐하면, 그러한 설명들을 통해 외부세계에서 벌어지는 일들을 효과적으로 설명할 수 있게 되기 때문이다.

---

41) 같은 책. pp.343~344.
42) 같은 책. p.345.

반대로, 그는 어떤 사람이 외부에서 벌어진 일이 아니라 자기 자신의 행위로부터 어떤 의미들을 읽어낸다면 그는 훌륭한 심리학자라고 말한다.

흉조를 나타내는 새가 날아오르는 것을 보고 중요한 계획을 포기한 로마인은 따라서 완벽하게 오류를 범했던 것은 아니다. 그는 자신의 예감에 따라 행동했다. 그러나 문을 나서다가 헛발을 내딛게 되자 이를 불길한 전조로 여긴 나머지, 계획을 포기했다면 그는 미신을 믿지 않는 우리보다 훨씬 우월한 존재였다. 그는 우리보다 더 훌륭한 심리학자였던 것이다. 그가 헛발을 내딛게 된 것은 계획에 대해 그가 아직 확신이 없고 마음속으로 거부감을 느끼고 있다는 증거였고, 계획을 행동으로 옮기려고 하는 순간 이 의심과 거부감이 그의 의지를 약화시켰던 것이다.[43]

편집적 믿음과 정신분석적 믿음 사이에는 공통점이 존재한다. 여기에는 모두 이해할 수 없는 어떤 것, 의미론적 공백이 존재하며, 이 믿음은 이 공백을 채우는 데 사용된다. 다만 그 공백이 존재하는 자리에 차이가 있다. 편집증자는 외부세계를 이해할 수 없으며, 정신분석가는 자기 자신의 행위를 이해하지 못한다. 하지만 이들은 모두 우연이라는 범주를 인정하지 않으며, 그러한 행위에 의미가 있다고 믿는다. 다만, 차이가 있다면 편집적 믿음은 외부세계에 적용된다면 정신분석적인 믿음은 자기 자신, 즉 행위 주체에게만 적용된다.

---

43) 같은 책. pp.345~346.

정신분석가의 욕망

■ 일반적으로 말실수나 꿈, 그리고 증상과 같은 무의식의 형성물은 그 의미를 이해할 수 없는 것, 즉 연상이 중단되는 것을 의미한다. 이때 프로이트는 무의식의 형성물을 해석하고 의미를 밝혀내기 위해 정신분석을 발명했다. 사실 그가 제시하는 해석의 방법은 간단하다. 만약 주체가 말실수나 꿈을 꾸었을 때 그것에 연동하여 떠오르는 첫 번째 연상은 그 형성물에 대한 답이 된다.[44] 이런 의미에서 정신분석 과정이란 중단된 연상을 계속해서 이어나가는 과정 자체라고도 볼 수 있다.

무의식의 형성물에 연상을 연결하는 정신분석 임상을 가능케 하는 것은 무의식이라는 개념이다. 무의식의 존재는 정신분석에서 핵심을 차지한다. 무의식 없이는 정신분석 임상 역시 존재할 수 없다. 문제는 모든 주체가 무의식이라는 개념을 받아들이는 게 아니라는

---

44) 지그문트 프로이트. 임홍빈·홍혜경 옮김. 〈정신분석강의〉 열린책들. 2010. p.143.

데 있다. 사실 무의식을 받아들이는 사람은 거의 정신분석가뿐이라고 해도 과언이 아니다. 정신분석가는 무의식 개념을 받아들이지만, 내담자는 그것을 받아들이지 못한다. 그러나 분석은 주체의 연상에 의해 진행되어야만 한다. 내담자가 자유연상을 하기 위해서는 무의식의 존재를 인정해야만 하며, 그렇지 않는다면 연상은 진행되지 않는다. 연상 없이는 분석 역시 진행될 수 없기 때문에 무의식에 대한 가정을 내담자 편에서 불러일으키는 것이 매우 중요하다. 그렇다면 프로이트는 이 문제를 어떻게 해결했을까? 어떻게 해서 내담자로 하여금 연상하도록 만들 수 있는 것일까?

프로이트의 저술을 통해 무의식에 대한 욕망을 강조하는 이는 내담자가 아니라 분석가라는 사실을 확인할 수 있다. 내담자가 무의식을 받아들이지 않는다 하더라도 분석가는 자신의 욕망을 통해 내담자로 하여금 무의식에 대한 믿음을 가지도록 만들 수 있다. 실제로 프로이트는 『히스테리 연구』에서부터 자신이 무의식에 대한 욕망을 지탱하는 방식으로 임상을 진행했다. 신경증 환자가 증상의 원인에 대해 알지 못한다고 말할 때도 그는 환자가 이미 알고 있을 것이라 가정했다. 그리고 환자가 그것을 알고 있을 것이라 말하며 그것들을 말하게 만들려 했다. 내담자가 무엇인가를 알고 있다고 생각한 사람은 내담자 본인이 아니라 프로이트였다. 마찬가지로 『정신분석 강의』에서 그는 주체가 확신하지 못할 때도 분석가가 확신을 유지하고 있어야 한다고 말한다. "대다수의 경우에서 우리는, 꿈

꿈 이가 자신은 아무것도 생각해 낼 수 없다고 주장할 때 그의 말에 이의를 제기하고 '틀림없이 무언가 있을 것이다. 당신은 그것을 생각해 낼 수 있을 것이다.'라는 확신을 심어주면서 그에게 강요하여 어떤 대답을 받아내는 것이 일반적입니다."[45] 무의식을 지탱하는 것은 주체가 아니라 분석가이다.

여기서 분석가의 기능은 주목할 만하다. 분석가의 기능은 내담자로 하여금 중단된 연상을 이어나가도록 만드는 것이다. 처음에 꿈과 대면한 내담자는 그것이 어떤 의미를 가진 무의식의 형성물이라는 사실을 받아들이지 못한다. 내담자는 그것을 무의미한 현상으로 간주하며 확신이 없는 그는 머뭇거리며 연상을 중단한다. 이때 무의식의 형성물의 위상을 변화시키는 것은 분석가의 개입이다. 분석가는 자신의 개입을 통해 무의미한 현상에 불과했던 그것을 의미가 있는 어떤 것으로 바꿔놓는다. 다만 이 의미는 아직 밝혀지지 않은 수수께끼이다. 여기서 수수께끼라는 말은 내담자가 무의식의 형성물이 갖는 의미를 즉각적으로 파악하지 못하지만, 그럼에도 불구하고 풀어낼 수 있는 어떤 것으로 인식하게 된다는 것을 의미한다. 달리 표현하자면 분석가의 개입을 통해 무의식의 형성물에는 연상을 위한 자리가 마련되고 내담자는 그것이 어떤 의미가 있는지 의문을 갖게 된다. 따라서 주체는 자기 자신에게 의문을 가지게 되고 연상할 수 있게 된다. 분석가의 기능은 연상이 중단될 때 도래할 또 다른 연상

---

45) 같은 책. p.144.

을 위한 자리를 마련하는 것, 내담자로 하여금 말하게 하는 것이다.

만약 정신분석에서 분석가의 행위를 해석이라고 부른다면, 프로이트적 해석은 무의식의 형성물에 의미를 부여하는 것이 아니라는 사실을 알 수 있다. 분석가가 직접 해석한다면 이는 내담자의 연상을 지속하도록 만드는 게 아니라, 그것을 중단시키는 일이 된다. 하지만 분석가의 기능은 이것과는 거리가 멀다. 분석가는 자신의 해석을 통해 너무나도 명백해 보였던 것을 수수께끼로 바꿔놓는다. 분석가는 새로운 의미를 향한 문을 열어놓는 것이다. 이때 새로운 의미는 아직 주체가 알지 못하는 의미라는 점에서 하나의 공백이다. 분석가의 해석은 의미의 공백을 틀어막는 것이 아니라 공백을 도입하는 것이다.

의식적 앎과 무의식적 앎

■ 하지만 프로이트 역시 일찍이 무의식이 담고 있는 내용을 직접적으로 해석하는 방식으로 분석을 진행했던 적이 있었다. 그러나 그는 이러한 방식을 포기할 수밖에 없었는데, 그러한 방법을 통해서는 분석을 진행하기 어려웠기 때문이다. 예를 들어보자. 그는 한 부인을 방문한 적이 있었다. 이 부인은 테이블 옆에 은화를 쌓아두고 있었는데, 프로이트가 들어오는 것을 보고 자리에서 일어나느라 은화가 바닥에 떨어지고 말았다. 프로이트는 부인이 은화를 줍는 것을 도와주며 "사위가 돈을 많이 가져가는 모양이죠?"라고 말하며 우연한 행위의 의미를 밝혀냈다. 부인은 아니라고 부인했지만, 곧이어 사위가 방탕한 생활을 해서 화가 난다고 말했다. 그러나 부인은 다음부터 프로이트를 부르지 않았다.[46] 프로이트는 부인의 실수행위를 통해 억압된 것이 무엇인지 밝혀냈다.

---

46) 지그문트 프로이트. 이한우 옮김. 〈일상생활의 정신병리학〉 열린책들. 2011. p.264.

하지만 프로이트의 해석이 적중했음에도, 부인은 프로이트를 계속해서 만나지 않았다.

이후 프로이트는 이러한 상황을 자주 겪었으며 분석가가 형성물의 의미를 알아내는 즉시 해석을 제시하는 방식의 분석이 그다지 효과적이지 못하다는 사실을 알아냈다. 「치료의 개시에 대하여」라는 논문에서 그는 분석가들이 만난 지 얼마 되지도 않은 환자에게 직접적으로 해석을 제시하는 것이 매우 무분별한 일이라고 말하면서, 그러한 예를 따르지 말라고 말한다. 이는 해석이 옳지 못하기 때문이 아니다. 해석이 올바른 경우에 문제가 더욱 심각해진다. 해석이 적중하는 경우 저항은 더욱 심해진다. 해석이 적중하는 경우 내담자는 그 내용을 받아들이지 않는다. 다시 말해 내담자는 저항한다. 그래서 그는 내담자가 한 걸음만 가면 알아낼 수 있을 것 같은 시기에 해석을 제시해야 한다고 말한다.

그러나 프로이트는 이러한 기법 역시 포기한다. 그는 「비전문가 분석의 문제」에서 분석가가 적절한 시기를 기다려 해석을 하면 다음과 같은 사실을 발견한다고 지적한다. 내담자는 해석을 받아들이는 것이 아니라 그것을 거부한다. 내담자는 치료에 협조하고 순응하는 것이 아니라 저항한다. 이로부터 그는 다음과 같은 결론을 도출해낸다. 내담자는 치료되고 싶어 하지 않는다.[47]

---

47) 지그문트 프로이트. 박성수·한승완 옮김. 「비전문가 분석의 문제」〈정신분석학 개요〉 2010. p.350.

그렇다면 이 문제는 어디에서 기인하는 것인가? 프로이트는 해석의 핵심은 저항과 관련되어 있다는 사실을 알아냈다. 해석은 내담자의 저항을 우회하는 기법이다. 내담자는 병인이 되는 생각들을 쉽사리 말로 표현하지 못하며, 이때 분석가는 내담자가 말로 표현하지 못하는 내용을 대신 말해줌으로써 저항을 이겨낼 수 있다고 믿은 것이다. 그러나 이는 어디까지나 내담자의 저항을 우회하는 것이지, 내담자에게 저항을 극복하게 하는 것이 아니다. 바로 여기에 직접적으로 해석을 제시하는 기법에는 한계가 있다. 내담자가 스스로 저항을 극복하지 못한다면 분석가의 해석은 효과를 발휘하지 못한다.

  물론, 내담자가 분석가의 해석에 동의할 수 있다. 그러나 내담자의 동의가 의식 수준에서 머무른다면, 그 해석은 효과를 발휘할 수 없게 된다. 달리 표현하자면 머리로는 이해하지만, 그것을 진실로 받아들이지 않았다고 할 수 있으며, 따라서 증상에는 어떤 변화도 생기지 않는다. 반대로, 내담자가 저항을 극복한다면 그것은 효과를 미칠 수 있다. 핵심은 저항을 극복하는 것이다. 이러한 발견을 토대로 프로이트의 정신분석적 치료는 이제 해석을 직접적으로 제시하는 방식으로 진행되지 않는다. 따라서 프로이트는 다음과 같이 말한다.

이 모든 저항을 물리치는 것이 분석치료 과정에서 우리의 주된 과제인 것입니다. 해석한다는 과업은 이것과는 전혀 비교될 수 없겠지요.[48]

내담자가 분석가의 해석을 받아들였지만, 여전히 증상이 작동하는 경우를 좀 더 생각해보자. 내담자는 자신의 무의식에 대해 알게 되었지만, 여전히 저항은 제거되지 않았고 증상이 지속된다. 프로이트는 이와 같은 현상에 입각해 의식적 앎과 무의식적 앎을 구분한다.[49] 분석가의 해석이 적절하다 할지라도 효력을 발휘하지 못하는 이유는 그것이 무의식적 앎이 아니라 의식적 앎이기 때문이다. 다시 말해, 내담자의 무의식이 그러한 지식을 받아들이지 못했다는 것이다.

무의식적 앎이 갖는 특수함은 그것에 대해서 내담자가 이미 알고 있다는 사실이다. 내담자가 꿈을 꾸고 농담을 하고 말실수를 한다는 것, 그리고 증상을 호소한다는 것은 그가 이미 무의식적으로 무엇인가를 알고 있다는 것을 의미한다. 이를테면, 말 공포증을 가진 내담자는 왜 말을 두려워하는 것일까? 그가 말에 대해서 아무것도 알지 못한다면 말을 두려워할 이유가 없다. 다른 동물이 아니라 하필 말을 두려워하는 이유는 말에 대해서 내담자가 무의식적으로 무

---

48) 같은 책. p.354.
49) 지그문트 프로이트. 이한우 옮김. 〈일상생활의 정신병리학〉 열린책들. 2011. pp.98~99.

엇인가를 알고 있기 때문이다. 여기서 핵심은 내담자가 이미 알고 있다는 사실이다. 물론, 내담자는 자신이 알고 있다는 사실을 모르지만 말이다.

이런 의미에서 저항은 좀 더 정확하게 '자신이 알고 있다는 사실을 알고 싶어 하지 않는 태도'를 가리킨다. 내담자는 아무것도 알고 싶어 하지 않으며, 스스로 해답에 도달하려 하지 않는다. 따라서 억압 저항을 극복한다는 말은 내담자에게 알려져 있지 않은 무의식적인 지식을 알려져 있는 지식으로 전환하는 과정을 의미한다.

따라서 정신분석적 관점에서 지식은 단순히 타자에 의해 주어지는 것이 될 수 없다. 무의식은 교육에 의해 가르쳐질 수 있는 것이 아니라는 말이다. 이것이 무의식이 내담자의 편에서 나타나야 하는 이유이다.

중요한 것은 방법이다. 분석가는 어떻게 해서 무의식을 의식화할 것인가? 흔히 알려져 있듯이 정신분석가의 해석은 주체가 알고 있지만, 알고 있다는 사실을 알고 싶어 하지 않는 이 무의식적 지식을 분석가가 대신 밝혀주는 것이다. 이렇게 해서 저항을 우회할 수 있다고 믿었던 것이며, 프로이트는 한동안 분석가의 이러한 역할에 매료되었다. 그러나 무의식적 지식이 갖는 특성으로 인해 해석의 방법은 그다지 효과를 보지 못한다. 내담자는 애초에 그런 생각을 받아들이고 싶어 하지 않기 때문이다. 이 받아들이고 싶어 하지 않음을 극복하지 않는 한 아무것도 달라지지 않는다. 따라서 핵심은 저항

을 우회하는 것이 아니라 저항을 들어내는 것이 된다.

이 때문에 프로이트는 분석가가 해석하는 기법을 포기한다. 이것이 명확히 드러나는 논문은 「기억하기, 되풀이하기, 그리고 훈습하기」이다. 이 논문에서 프로이트는 "저항이 극복되고 나면 환자는 종종 전혀 힘들이지 않고도 잊혀졌던 상황과 관계에 대해 이야기한다."[50]라고 언급한다. 무의식에 대해 알지 못하게 하는 것은 저항이다. 중요한 것은 분석가가 무의식에 대해 알려주는 것이 아니라 내담자가 자신의 저항을 극복하고 그것을 말로 표현하는 것이다. 그래서 프로이트는 내담자가 스스로 저항을 극복할 수 있을 때까지 기다려야 한다고 말한다. 내담자 자신이 받아들이고 싶어 하지 않는 그것을 받아들일 때까지 기다려야 한다는 것이다.

이것이 프로이트의 자유연상이 갖는 또 다른 함의이다. 자유연상은 단순히 말하고 싶은 것만 말하는 것을 의미하지 않는다. 자유연상은 말하고 싶지 않은 것, 심지어 내가 알지 못하는 것까지 말해야 한다는 것을 의미한다. 그 생각들이 불러일으키는 불쾌감 때문에 혹은 중요하지 않다고 생각했기 때문에 내담자는 그것들을 말로 표현하지 않는다. 하지만 이처럼 내담자가 그것들을 피하려 한다는 사실이 그것들이 중요성을 띤다는 것을 가리킨다. 프로이트는 내담자가 이러한 생각들을 말로 표현하도록 만들려 했다. 아무리 불쾌

---

50) 지그문트 프로이트. 이덕하 옮김. 「기억하기, 되풀이하기, 그리고 훈습하기」〈끝낼 수 있는 분석과 끝낼 수 없는 분석〉 도서출판 b. 2004. p.106.

하거나 끔찍하더라도, 그리고 그것이 아무리 중요해 보이지 않아도 말로 표현해야 한다는 자유연상의 요구는 이것을 의미한다. 프로이트에게 중요했던 것은 연상이 중단되는 지점이다. 내담자의 연상이 중단된다는 것은 그 이면에 어떤 중요한 것, 즉 병을 일으킨 억압된 것이 존재한다는 것을 가리킨다.

훈습하기

　　■ 그렇다면 분석가는 내담자가 저항을 극복하도록 만들기 위해 무엇을 할 수 있을까? 프로이트는 이러한 기법은 없다고 주장한다. 저항을 극복하기 위해 유일하게 필요한 것은 시간이다. "우리는 환자가 저항을 무릅쓰고 분석의 기본 규칙에 따라 작업을 계속함으로써 그에게 이제 알려진 저항에 몰두할, 그것을 훈습할, 그것을 극복할 시간을 주어야 한다."[51]는 문장이 이를 가리킨다. 분석가는 내담자가 억지로 저항을 극복하도록 만들 수 없다. 내담자가 말하고 싶어 하지 않는 내용을 억지로 끌어낼 수는 없다는 말이다.

　　그렇다면 정신분석가의 역할은 무엇인가? 분석가는 저항이 존재한다는 사실을 지적할 수는 있다. 즉, 저항을 해석할 수는 있다. 그러나 저항을 적절하게 해석했다고 해서 저항이 바로 제거되는 것은

---

51) 같은 책. pp.119~120.

아니다. 다시 말해 내담자가 자신의 저항에 대해 알게 되었다고 해서 무의식적인 내용을 말하게 되는 것은 아니다. 그것들을 말로 표현하게 하기 위해서는 적절한 시간이 필요하다. 때가 되면 내담자는 자신의 경험을 말로 표현할 것이다. 때문에 "거기에서 의사에게는 잠자코 기다리며 일이 진행─그 진행을 피할 수도 없으며 그 진행을 촉진시키는 것이 항상 가능하지도 않다.─ 되도록 놔두는 것 이외에 다른 할 일이 없다."[52]

이제 프로이트에게 있어 정신분석가의 역할은 굉장히 축소된다. 정신분석가는 직접적으로 해석을 제시하는 것이 아니라, 내담자가 저항을 극복할 수 있도록 돕는 도구적 역할을 한다. 분석가는 내담자에게 알려지지 않은 저항들을 해석하고 말하지 못한 것들이 나타나기를 기다린다. 분석가는 내담자가 저항을 극복하고 무의식적인 앎을 찾아낼 수 있도록 시간을 준다. 이 시간은 개인마다 다를 것이기 때문에 일관적으로 적용될 수 없다.

훈습하기(durcharbeiten)는 내담자가 저항을 극복하는 작업을 가리킨다. 훈습하기에는 작업(arbeit)이라는 뜻이 내포되어 있다. 이는 프로이트가 분석 작업의 주체로 내세운 것은 분석가가 아니라 내담자라는 것을 의미한다. 즉, 분석에서 저항을 극복하고 일해야 하는 사람은 내담자라는 것이다. 좀 더 정확히 말하자면 그 작업은 무의식의 작업이다. 분석가는 무의식이 저항을 극복하고 작업할 수 있

---

52) 같은 책. p.120.

도록 도와주는 역할만을 할 뿐이다.

라깡은 분석을 받으러 온 사람을 피분석자(analysé)라고 부르지 않고, 분석 주체(analysant)라고 불렀다. 내담자는 분석가에 의해 분석 당하는 사람이 아니라 능동적으로 자기 자신의 분석을 행하는 사람이라는 것을 의미한다. 이는 라깡이 철저하게 프로이트의 학설을 수용했다는 것을 잘 보여준다. 프로이트에 따르면 분석의 주체는 분석가를 방문한 환자이기 때문이다.

새로운 의미를 향하여

■   일반적으로 해석은 분석가의 소관이라고 알려져 있다. 무의식의 형성물에 숨겨진 의미를 밝혀낼 수 있는 지식을 가진 이는 분석가로 상정된다. 꿈의 진정한 의미나 증상이 담고 있는 성적인 의미를 밝혀낼 수 있다고 가정되는 이는 분석가라는 것이다. 분석가는 능동적으로 분석을 행하는 사람이며, 주체는 분석 당하는 사람이다.

그러나 프로이트적 입장에서 이는 뒤집힌다. 자신의 분석을 행하는 사람은 내담자이다. 왜냐하면, 무의식의 형성물이 담고 있는 의미를 말할 수 있는 사람은 분석가가 아니라 주체이기 때문이다. 무의식에 대해 말할 수 있는 최종적인 권위는 주체에게 있다. 정신분석 임상에 있어 능동적으로 해석하고 작업하는 이는 분석가가 아니라 주체 자신이다.

분석가의 역할은 주체의 말과 행위들 속에 숨겨진 의미를 밝혀내

는 것이 아니라 주체가 자신의 작업, 즉 자유연상을 계속할 수 있도록 조건을 만들어주는 것이다. 여기서 조건이란 바로 무의식에 대한 가정을 지탱하는 것이다. 정신분석가가 무엇인가를 알고 있다면 그것은 무의식의 진정한 의미가 아니다. 분석가는 무의식적인 의미가 존재한다는 사실 자체, 그것이 아직 밝혀져 있지 않은 상태로 남아있다는 사실 자체를 알고 있다. 이러한 태도를 통해 분석가는 주체를 작업하게 한다.

우리는 이를 통해 정신분석에 대한 통상적인 이해가 얼마나 프로이트적 정신으로부터 이탈했는지 확인할 수 있다. 해석하는 정신분석가에 대한 고정관념 말이다. 프로이트에 따르면 정신분석가는 정신 분석하는 방법을 알고 있으며 내담자의 무의식에 대해 가르치는 사람이 될 수 없다. 무의식에 대해 가르치고 의미를 전달하는 행위는 분식 작업을 방해할 뿐이다. 해석을 통해서 저항을 우회하는 일은 쉽지 않다. 또한, 이는 분석가의 해석을 거부하는 내담자의 행동을 필연적으로 치료에 저항하는 것으로 보게 만드는 문제를 낳는다. 이러한 현상은 분석가가 지식에 대해 아는 사람을 자처할 때 항상 오류를 범할 수밖에 없다는 것을 잘 보여준다.

만약 우리가 프로이트의 관점을 일관되게 적용할 때, 분석가의 해석에 대해 무엇을 말할 수 있을까? 이는 분석가의 해석적 행위는 분명 일반적인 의미의 해석학적 행위가 될 수 없다는 사실이다. 앞서 살펴보았듯 분석가의 개입은 의미를 전달하는 것이 아니라 새로

운 의미가 도래할 수 있도록 자리를 열어놓는 것이다. 이 자리가 열리는 것을 통해 무의식의 사슬이 끊이지 않고 이어질 수 있게 된다. 새로운 의미는 이렇게 해서 도래하게 된다. 분석가는 내담자의 저항을 우회하는 것이 아니라 내담자 스스로 저항을 극복하는 작업을 하도록 만들어야 한다. 분석가의 해석이 올바르게 기능하는 것은 주체가 작업할 수 있도록 장소를 열어놓을 때이다. 분석가는 일관되게 주체가 작업할 수 있는 환경을 만들어주어야 한다. 따라서 분석에서 최종적인 권위가 부여되는 것은 바로 주체의 무의식이다.

라깡의 용어를 빌려 표현하자면 정신분석가에게 중요한 것은 지식이 아니라 욕망이다. 무의식에 대한 욕망 말이다. 분석가는 숨겨져 있는 것을 직접적으로 폭로하는 것이 아니라, 무엇인가 숨겨지고 있다는 사실 자체를 지적한다. 그것이 밝혀지기를 기대하며 말이다. 아직 알지 못하는 것이 있으며 새로운 것이 나타날 수 있다는 기대감, 그런 새로운 것 자체에 대한 욕망이야말로 정신분석가의 욕망이다.

3장

전이에 대한 전략

전이란?

　　■ 일반적으로 전이란 과거의 인물에게 품었던 생각이나 감정들이 현재의 대상에게 옮겨오는 것을 의미한다. 그러나 이 설명만으로 전이가 무엇인지 이해하기는 어렵다. 과거의 인물에게 품었던 '생각'이나 '감정'이 정확히 무엇을 의미하는지 알기 어렵기 때문이다. 전이가 무엇을 의미하는지 알기 위해서는 프로이트가 어째서 전이라는 개념을 사용했는지를 확인해야 할 것이다. 프로이트는 전이를 어떤 관점에서 접근했고, 어떤 현상에 전이라는 이름을 붙였던 것일까?

　프로이트의 저술을 통해 우리는 전이가 분석치료 도중 떠오른 '충동'이 분석가에게 결부되는 현상을 가리킨다는 것을 확인할 수 있다. 프로이트는 〈히스테리 연구〉에서 이를 명확히 보여준다. 그는 한 여성의 사례를 든다. 프로이트에게 치료를 받던 이 여성에게 남

자가 주도권을 쥐고 그녀에게 입맞춰줬으면 하는 성적 소망이 떠올랐던 적이있었다. 이 소망은 이미 과거에 떠올랐던 소망이고 그 소망은 무의식으로 추방되었다. 그 결과 히스테리 증상을 만들어졌다. 그런데 치료 도중 증상을 만들었던 소망은 다시 내담자의 정신에 떠올랐고 이는 프로이트를 향했다. 즉 프로이트가 같은 행위를 해주기를 기대했던 것인데, 이 때문에 환자는 매우 동요했다. 환자는 치료를 그만두지는 않았지만 치료에 제대로 집중하지 못했다. 프로이트는 이를 잘못된 연결 혹은 전이라고 부른다.[53]

프로이트가 전이에 주목했던 이유는 그것이 치료에 방해물로서 기능했기 때문이다. 이 사례에서 보는 것처럼 충동은 내담자에게 불쾌한 것으로 경험된다. 내담자는 이것을 말로 표현하지 않고 숨기려 한다. 그 때문에 전이는 분석에서 저항으로 기능한다. 따라서 치료에 있어 선이-저항을 극복하는 일은 특히 중요하다. 그 이유는 전이에서 나타나는 충동이 신경증 증상을 만들어낸 원인이기 때문이다. 주체는 충동이 떠오를 때 불쾌감을 느끼기 때문에 억압했고 이로 인해 증상이 발생한 것이다.

분석은 그것들을 말로 표현하는 것을 전제한다. 충동이 떠오르는 경우 그것을 억압하는 것이 아니라 말로 표현하는 것을 통해 신경증을 치료할 수 있다. 그래서 프로이트는 전이가 일어난 경우 내담자가 그러한 충동이 떠올랐다는 데서 나타난 고통스러운 감정을

---

53) 지그문트 프로이트. 김미리혜 옮김. 〈히스테리 연구〉 열린책들. 2011. p.391.

극복할 수 있어야 한다고 주장했다. 즉, 내담자가 해야 할 일은 심리적 불쾌감을 극복하고 그것을 보고하는 일이다. 신경증의 증상이 충동이 억압되면서 만들어졌다는 점에서, 충동을 말로 표현하지 않고 다시 억압하는 것은 증상을 만드는 일에 불과하다.

〈히스테리 연구〉에서 프로이트는 전이를 다루는 일이 신경증 치료에서 매우 중요하다고 지적했다. 이는 그만큼 전이를 피해갈 수 없다는 것을 의미한다. 신경증을 치료하는 과정에서 항상 전이가 발생하며, 전이는 저항을 유발한다. 결국, 전이는 우연히 일어나는 것이 아니라 분석 과정에서 반드시 극복해야만 하는 어떤 것이다. 그뿐만 아니라 도라 사례에서 그는 다음과 같이 지적한다. "분석기술에 관한 이론에 친숙해지면 전이가 필수적인 요구 사항임을 통찰하게 된다. 실제로 이 전이는 피할 방도가 없으며, 그 이전의 증상들과 마찬가지로 질병의 마지막 작품인 이 증상마저도 퇴치 가능하다는 점을 최소한 확신할 수 있다."[54] 전이는 피해갈 수 없으며 일종의 증상처럼 다루어져야 한다.

그렇다면 전이를 증상처럼 다룬다는 것은 무엇을 의미하는 것일까? 프로이트의 관점에서 전이를 어떤 방식으로 접근할 수 있는 것일까?

---

54) 지그문트 프로이트. 김재혁·권세훈 옮김. 「도라의 히스테리 분석」〈꼬마 한스와 도라〉 열린책들. 2010. pp.310~311.

전이들

■ 프로이트는 모든 전이가 저항으로서 기능하는 것이 아니라는 사실을 명확히 했다. 그에 따르면 분석에 방해가 되는 전이가 있으며 방해가 되지 않는 전이도 있다. 타자에 대한 사랑 때문에 모든 것을 말하는 경우도 있기 때문이다. 즉, 자신의 내밀한 비밀들, 진실들을 보고하는 데 있어 분석가에 대한 전이적 애착은 분명 도움이 될 수 있다. 대상에 대한 사랑과 신뢰가 바탕이 된다면 말하지 못할 것이 없어진다. 그래서 프로이트는 우리가 사랑하는 사람에게 다음과 같은 말을 하곤 한다는 사실을 지적한다. "당신 앞에서는 나는 부끄럽지 않아요. 나는 모든 것을 당신에게 말할 수 있어요. 그러므로 의사에의 전이는 고백을 쉽게 하는 데에도 마찬가지로 기여할 수 있다."[55]

즉, 전이는 하나가 아니다. 여러 형태의 전이가 존재한다. 크게 구

---

55) 같은 책. p.38.

분하자면 고백하는 데 도움을 주는 전이가 있고, 저항으로서 기능하는 전이가 있다. 전자는 긍정적인 전이이며, 후자는 억압된 성적 전이이거나 부정적인 전이이다. 긍정적인 전이는 우정이나 사랑, 그리고 신뢰와 같은 대상에 대한 긍정적인 애착이다. 타자가 긍정적인 전이의 대상이 될 때 우리는 그를 존경하고 무한한 믿음을 보내게 된다. 마치 어린아이가 자신의 부모에게 보내는 신뢰처럼 말이다. 만약 분석에서 긍정적인 전이가 발생하는 경우, 이는 치료의 걸림돌이 되지 않는다. 오히려 이는 치료를 촉진한다.

긍정적인 전이를 형성하는 것을 심리치료에서는 라포 형성이라고 부른다. 라포란 내담자와 치료사 사이에 긍정적이고 친밀한 관계를 형성하는 것을 의미한다. 라포를 형성하기 위해 치료사는 내담자를 비판하거나 비난하지 않고 있는 그대로 받아들인다. 그뿐만 아니라 온화하고 부드러운 태도를 취한다. 이를 통해 내담자는 치료사를 향해 긍정적인 감정을 갖게 되는데 이는 곧 치료사를 향한 긍정적인 전이를 가리킨다. 라포 형성, 즉 긍정적인 전이를 형성하는 것은 치료에 있어 매우 중요하다. 왜냐하면, 자신의 내밀한 이야기를 털어놓아야 하는 치료적 상황을 견딜 수 있게 만드는 요소가 되기 때문이다. 치료사가 신뢰할 만하다고 판단될 때 내담자는 치료에 적극적으로 참여한다.

반대로, 저항으로서 기능하는 전이 역시 존재한다. 분석가에게 적절하지 못한 성적 소망을 품게 되는 억압된 성적 전이나 그를 향

한 분노가 일어나는 부정적인 전이가 일어나는 경우, 자유연상은 중단되거나 그것이 다루는 주제로부터 멀어진다. 만약 내담자의 정신에 그 자신도 받아들일 수 없는 성적 충동들이 분석가를 향한다면 그는 어떻게 할까? 충동은 내담자에 의해 받아들여지지 않을 것이며, 내담자는 그러한 충동이 마치 정신에 나타나지 않은 것처럼 행동한다. 즉, 충동은 억압되는 것이다. 부정적인 충동, 즉 공격적인 충동의 경우에도 마찬가지이다. 타자를 향한 공격적인 충동을 당사자 앞에서 말하기란 어려운 일이다. "금기시되는 소원 충동을 그 충동 자체하고 관련된 바로 그 사람 앞에서 고백해야 한다면 그 고백이 특히 어려워질 것이기 때문이다."[56] 따라서 주체는 그러한 충동을 숨기고 겉으로 드러내려 하지 않는다. 즉 이 두 가지 형태의 전이가 발생하는 경우 분석 작업은 저항에 부딪히게 된다.

그렇지만 전이−저항의 특징은 이것만이 전부가 아니다. 부정적인 형태의 전이나 억압된 성적 전이가 일어나는 경우 그 충동들은 증상들이 억압된 메시지를 표현하는 것과 같이 우회적으로 표현된다. 그 우회로 중 하나가 바로 행위이다. 충동들은 말로 표현되지 않지만, 행동으로 나타나는 것이다. 이것이 도라의 히스테리 사례에서 프로이트가 전이에 대해 논평하며 추가한 내용이다. 그는 전이가 일어나면 환자가 "자신의 기억과 공상의 중요 부분을 치료 도중에 되

---

56) 지그문트 프로이트. 이덕하 옮김. 「전이의 역동에 대하여」〈끝낼 수 있는 분석과 끝낼 수 없는 분석〉 도서출판 b. 2004. p.38.

풀이해서 말하는 대신 행동으로 보여준다."[57]라고 지적한다. 여기서 주목해야 할 것은 '보여준다'라는 동사이다. 보여준다라는 것은 말하는 것과는 다르다. 내담자는 자신이 분석가를 증오한다는 사실을 말로 표현하는 것이 아니라 증오하는 것처럼 행동하며, 따라서 분석가로 하여금 '알게 만든다'. 관객이 배우를 보면서 배우의 감정이 무엇인지 알게 되는 것처럼 말이다. 마찬가지로 주체는 분석가에게 사랑에 빠졌다고 말하지 않는다. 하지만 마치 사랑에 빠진 사람처럼 행동한다. 프로이트가 지적했듯, 이들은 '보여준다'.

앞서 말했듯이 긍정적 전이를 형성하는 것은 치료에 많은 도움이 된다. 일반적인 치료적 상황에서 긍정적 전이가 반드시 필요하다는 것은 쉽게 알 수 있다. 현대 심리치료가 치료사와 내담자 사이의 긍정적 관계를 매우 강조한다는 사실을 통해서도 이를 확인할 수 있다. 이러한 이론적 경향에 따른다면 치료적 효과는 치료사의 권유나 권고 때문이 아니라, 그들의 관계 자체로부터 나타나는 것이다.

하지만 프로이트는 긍정적인 전이만을 가지고 작업하지 않았다. 정신분석가로서 프로이트의 욕망이 언제나 억압된 것을 향해있는 이상 핵심이 되는 것은 저항으로서 기능하는 전이일 수밖에 없다. 치료에 부정적으로 작동하는 충동이 바로 증상을 만들어낸 원인이라는 점에서, 또한 전이로 인해 촉발되는 충동 역시 억압되는 것이

---

57) 지그문트 프로이트. 김재혁·권세훈 옮김. 「도라의 히스테리 분석」〈꼬마 한스와 도라〉 열린책들. 2010. p.313.

라는 점에서 전이를 다루는 일은 분석의 핵심이다. 바로 이 때문에 프로이트는 "정신분석에서는 변화된 상황에 알맞게 적대적인 흥분을 포함하여 모든 흥분을 일깨우며 이러한 자각을 분석에 이용한다."[58]라고 지적하는 것이다.

그렇다면 분석에 이용한다는 말은 무엇을 가리키는 것일까? 프로이트는 행동과 지성을 대비시킨다. 즉, 분석은 '행위'의 형태로 나타나는 그것들을 내담자가 의식하도록 만드는 방향으로 향해야 한다고 프로이트는 지적한다. 이는 내담자가 현재 경험하는 것이 실제로 분석가와의 관계 속에서 발생하고 있는 일로부터 어느 정도 거리를 두게끔 하는 것이다. 즉, 분석은 자신이 무엇을 하고 있는지 알도록 만드는 방향으로 초점을 기울인다.

환자는 그의 무의식적 충동이 일깨워져서 생긴 결과를 꿈에서와 같이 현재 현실에서 일어나는 것으로 여긴다. 그는 자신의 열정을 현실의 상황에 대한 고려 없이 실연하려 한다. 의사는 환자가 감정 충동을 치료와 그의 인생사의 맥락에 위치시킬 수 있도록, 그것을 지적 고찰에 종속시킬 수 있도록, 그리고 그것을 정신적 가치에 따라 인식할 수 있도록 만들려 한다. 의사와 환자 사이의, 지성과 욕동 생활 사이의, 인식과 실연하려는 성향 사이의 이런 투쟁은 거의 전적으로 전이 현상 내에서 벌어진다. 이 싸움터에서 승리를 얻어

---

58) 지그문트 프로이트. 김재혁·권세훈 옮김. 「도라의 히스테리 분석」.〈꼬마 한스와 도라〉 열린책들. 2010. p.312.

야 한다. 그래야만 신경증으로부터 영구히 회복될 수 있다.[59)]

분석은 내담자가 억압한 그 충동들을 말로 표현하는 과정을 포함한다. 이렇게 말하는 과정 자체에 치료적인 요소가 있다. 어디 가서도 말하지 못했던 말들, 자기 자신에게도 숨겨야만 했던 생각들이 증상으로 나타나는 것이기 때문이다. 그러므로 분석에서 전이-저항은 단순히 치료의 걸림돌인 것만은 아니다. 그것은 치료의 동력이기도 하다. 분석은 필연적으로 저항으로서의 전이, 즉 전이-저항을 다룰 수밖에 없다.

---

59) 지그문트 프로이트. 이덕하 옮김. 「전이의 역동에 대하여」〈끝낼 수 있는 분석과 끝낼 수 없는 분석〉 도서출판b. 2004. p.44.

무관심

■ 역시 문제가 되는 것은 '어떻게'라는 질문이다. 정신분석이 억압된 것들을 말로 표현하는 과정을 거친다면, 그렇다면 어떻게 해서 대상을 향한 억압된 충동들을 말로 표현할 수 있도록 만들 것인가? 프로이트는 내담자의 전이를 어떤 방식으로 대했는가?

1915년 쓰여진 「전이 사랑에 대한 소견」은 이에 대한 기술적 지침을 제시한다. 프로이트가 제시하는 테크닉은 바로 '무관심'이다. 무관심이라는 키워드는 전이에 대한 프로이트의 전략을 이해하는데 핵심이 된다. 내담자가 분석가에게 전이를 일으켜 어떤 것을 현실로 경험하는 경우, 분석가는 다음과 같이 대처해야 한다.

우리는 그것을 일종의 비현실적인 것으로서, 치료 중에 겪어야 하는 상황으로서, 그것의 무의식적 원천으로 거슬러 올라가야 하

는 상황으로서, 환자의 애정 생활에 아주 깊이 숨겨져 있는 것을
의식화함으로써 환자가 통제할 수 있도록 도움을 주는 상황으로
다루어야 한다. 우리가 어떤 유혹에도 끄떡없다는 인상을 더 강하
게 줄수록 우리는 더 빨리 그 상황으로부터 그것의 분석적 내용을
추출해낼 수 있다. 여성 환자의 성적 억압이 배경으로 밀쳐졌을 뿐
제거된 것은 아니지만 이제 그녀는 사랑에 빠지는 조건들 모두를,
성적 갈망에서 비롯되는 모든 환상을, 그녀가 사랑에 빠질 때의 모
든 세세한 특성들을 내보일 수 있을 만큼 충분히 안심하게 된다.
그러면 이런 것들로부터 그녀의 사랑의 유아기적 토대로 이끄는 길
이 열리게 된다.[60]

여기서 프로이트가 제시하는 전이적 현상은 내담자가 분석가를
유혹하는 상황이다. 왜 여기서 프로이트는 분석가가 유혹에 견뎌야
한다고 말했을까? 아마도 우리는 여기서 다음과 같이 말할 수 있
을 것이다. 전이를 통해 사랑에 빠진 여성 내담자의 억압된 충동은
명확하게 말로 표현하는 대신 우회적인 방식으로 표현된다. 분석가
의 무의식은 내담자의 무의식이 보내는 메시지를 이해하게 되는데,
자신을 사랑하는 것처럼 보이는 여성 내담자에게 분석가 역시 애
정 어린 충동을 경험하게 된다. 여기서 바로 문제가 생긴다. 애초에
내담자가 말로 표현할 수 없기 때문에 행동으로 보여주는 것이라는

---

60) 지그문트 프로이트, 이덕하 옮김, 「전이 사랑에 대한 소견」〈끝낼 수 있는 분석과 끝낼 수
없는 분석〉 도서출판b, 2004, p.138.

점 때문에 말이다. 만약 분석가가 이러한 전이의 전략에 휘말려, 내담자의 유혹에 넘어가는 경우 이는 억압을 승인하는 것이 된다. 분석가가 내담자의 행동의 의미를 알았기 때문에 내담자는 굳이 억압된 충동을 말로 표현할 필요가 없어진다. 반대로 분석가가 그러한 행동에 무관심하게 행동한다면, 억압된 충동들은 직접적으로 말로 표현된다. 내담자의 저항을 극복하도록 만드는 것은 무관심함이다.

전이가 발생하는 경우 내담자는 말하는 대신 행동으로 보여준다. 달리 말하자면 분석가로 하여금 무엇인가를 '느끼도록' 만든다. 그리고 이 전이의 전략은 억압을 유지하는 기능을 한다. 이를테면, 프로이트가 예로 든 성적 유혹을 생각해보자. 유혹에는 명확한 메시지가 아니라 모호한 메시지가 전달된다. 유혹의 주체는 자신이 타자에게 성적 매력을 느끼고 있다는 사실을 명확하게 말로 표현하지 않는다. 대신 타자로 하여금 성적 매력을 느끼도록 만든다. 즉 말하는 대신 보여준다. 이때 유혹의 목적은 상대방에게 책임을 지우는 데 있다. 유혹하는 까닭은 타자에게 성적인 충동을 느끼기 때문이다. 하지만 이를 명확하게 표현하는 일은 부정적인 정동을 유발한다. 그래서 유혹의 주체는 원하는 바를 말로 명확히 하는 것을 포기한다. 대신 그것을 타자가 알 수 있도록 만든다. 유혹에 넘어가는 경우 의도를 가지고 있던 사람은 바로 타자이다. 이를 통해 유혹의 주체는 자신이 능동적으로 충동의 만족을 추구했다는 죄책감에서 벗어날 수 있다.

이는 반드시 유혹에만 한정되는 것이 아니다. 적대적인 충동 역시 마찬가지이다. 내담자가 분석가에게 적대적인 충동을 가지는 경우 이는 말로 나타나지 않지만, 분석가에게 알도록 만든다. 쥐 인간 사례는 이를 잘 보여준다. 쥐 인간은 아버지에 대한 증오를 가지고 있었는데, 이러한 증오는 프로이트에게 전이되었다. 그 때문에 그는 프로이트를 모욕했다. 그는 "그의 꿈에서, 깨어 있을 때 나타나는 환상 속에서, 그리고 그의 연상에서 나와 내 가족을 가장 상스럽고 더럽게 모욕하기 시작했다."[61] 쥐 인간은 직접적으로 프로이트를 모욕하지 않았다. 하지만 환상을 통해, 그리고 그의 연상을 통해 간접적인 방식으로 모욕했다.

이때 프로이트는 쥐 인간의 모욕에 대해서 직접적으로 반응하지 않았다. 그러자 전이가 감추고자 했던 본래의 의도가 수면 위로 드러났다. "선생님, 당신 같은 신사가 어찌 나같이 하잘것없고 비천한 인간으로부터 모욕을 받고 가만히 있습니까?"[62] 보통의 인간관계에서는 그러한 모욕에 즉각적으로 반응하는 일반적일 것이다. 하지만 정신분석적 관계에서 분석가는 다른 태도를 취한다. 프로이트는 그러한 모욕에 반응하지 않았다. 그런 말을 해서는 안 된다고 비난하거나 훈계하지 않았다. 오히려 프로이트는 그러한 태도에 무심하게 대응했고 이를 통해 억압된 것이 쥐 인간의 담화를 통해 드러날 수 있었다.

---

61) 지그문트 프로이트. 김명희 옮김. 「쥐 인간」〈늑대인간〉 2011. p.63.
62) 같은 책. 같은 쪽.

이런 의미에서 전이에 대해 정신분석가가 취할 수 있는 태도는 매우 비현실적이다. 비현실적이라는 말은 현실적으로 불가능하다는 것이 아니라 프로이트가 말한 것처럼 "현실의 삶에서 모델을 찾을 수 없다."[63]는 것을 의미한다. 일반적으로 다른 사람이 사랑을 요구하거나 비난할 때 이를 수용하거나 거절하는 것 둘 중 하나의 태도를 취할 수 있다. 하지만 분석에서는 이 두 가지 태도 모두 용납되지 않는다. 프로이트와 같이 '가만히' 있는 것, 그것에 끄떡없다는 것을 보여줄 때 내담자는 말할 수 있기 때문이다. "우리는 사랑 전이에서 벗어나지 않도록, 환자가 그것을 혐오하게 하지 않도록 조심해야 한다. 우리는 마찬가지로 단호하게 그것에 어떤 응답도 하지 않도록 자제해야 한다. 우리는 사랑 전이를 틀어쥐고 있어야 한다."[64]

프로이트는 전이를 일종의 요구로 이해하고 있으며, 들어주어서는 안 되는 것으로 파악하고 있다. 전이는 분석가로부터 어떤 반응을 이끌어내어 분석 작업을 중단시키고자 하는 암초이다. 이는 전이-사랑의 경우에 명백한데, 내담자가 분석가에게 사랑에 빠진 것처럼 행동한다면, 이는 당연하게도 분석가로부터 사랑을 얻어내기 위한 것이라고 볼 수 있다. 그런데 만약 분석가가 그러한 사랑의 요구에 부응한다면, 분석은 실패하고 만다. 왜냐하면, 분석은 행위가 아니라 순전히 정신적인 차원, 즉 말과 기억의 차원에서만 진행되어야

63) 지그문트 프로이트. 이덕하 옮김. 「전이 사랑에 대한 소견」⟨끝낼 수 있는 분석과 끝낼 수 없는 분석⟩ 도서출판b. 2004. p.138.
64) 같은 책. 같은 쪽.

하기 때문이다.

　만약 여성 환자의 구애가 응답을 얻어낸다면 그것은 환자에게
는 커다란 승리이겠지만, 치료에는 완전한 패배이다. 모든 환자가
분석 중에 이루려고 하는 것— 기억해내기만 해야 할, 정신적 재료
로 재생산해야 하며 정신적 영역 내로 제한해야 할 것을 실연하는
것, 즉 삶 속에서 되풀이하는 것—에 환자가 성공한 꼴이 되는 것이
다.[65]

---

65) 같은 책, p.137.

말하기의 중요성

■ 프로이트의 테크닉의 일부는 전이를 지탱하고 전이의 내용과 그것을 만들어낸 충동들을 말로 표현하도록 만드는 데 있다. 물론, 여기서도 핵심은 억압된 것들을 말로 표현하도록 만드는 것이다. 이것은 프로이트가 증상을 대했던 것과 같은 태도로 전이를 대한다는 것을 말해준다. 전이는 하나의 증상, 분석 과정 속에서 활성화되는 하나의 증상이다. 전이가 행위를 통해 억압된 충동을 표현한다면 전이를 해소할 수 있는 유일한 길은 그 억압된 충동을 내담자가 직접 언어로 표현하는 일이다.

그런데 이때의 전이 하의 말하기는 일반적인 말하기와는 상당히 다른 양상을 갖는다. 전이 하의 말하기는 지금− 여기에 존재하는 분석가와의 대화가 아니라, 신경증자가 과거에 너무나 사랑했던 대상, 그리고 또 떠나보낼 수밖에 없었던 대상과의 대화이기 때문이다.

이를 위해 전이의 매커니즘에 대해 먼저 알아보자. 프로이트는 신

경증자의 리비도가 실제적인 대상을 향하지 못한다고 지적한 바 있다. "신경증 환자들은 즐거움도 느낄 수 없으며 행위 능력도 없습니다. 즐거움을 느낄 수 없는 이유는 그의 리비도가 그 어떤 실제 상의 대상을 지향하지 않기 때문입니다."[66] 이는 신경증자가 자신의 리비도가 다른 대상을 향하는 것을 방어하고 있기 때문이다. 신경증자의 리비도는 대상이 아니라 증상을 향한다. 그러나 분석 작업을 통해 억압하는 힘을 제거하게 되면 신경증자의 리비도는 다시 풀려나게 된다. 이렇게 다시 풀려난 리비도는 바로 근처에 있는 대상인 분석가를 향하게 된다. 그러나 이때 리비도는 엄밀한 의미에서 분석가를 향하는 것이 아니라, 분석가에게 덮어 씌워진 상상적 대상을 향하는 것이다. 다시 말해, '한 인간으로서의 의사가 공상적인 대상으로서 다시 등장'하는 것이다.[67]

그렇다면 이때 공상적인 대상은 무엇을 가리키는가? 프로이트는 이 대상이 바로 오이디푸스적 대상, 잃어버린 대상으로서의 어머니라고 「쾌락원칙을 넘어서」에서 명시한다. "일반적으로 어린아이를 반대 성의 부모와 결속시켜 놓는 감정적 유대는 실망과 만족에 대한 막연한 기대감에 자리를 넘겨주고, 어린아이의 애정의 대상이 배신할 수 있다는 움직일 수 없는 증거인 새아기의 탄생에 대한 질

---

66) 지그문트 프로이트. 임홍빈·홍혜경 옮김. 〈정신분석강의〉 열린책들. 2010. p.609.
67) 같은 책. p.611.

투심 앞에 무릎 꿇고 만다."[68] 그리고 이 경험은 전이라는 형태로 분석가와의 관계 속에서 반복된다. "환자들은 전이를 통해 이 모든 원치 않는 상황과 고통스러운 감정을 반복하고 대단히 정교하게 그것을 재생시킨다."[69] 따라서 전이 하에 분석가는 실패한 사랑의 대상, 잃어버린 대상으로서의 어머니를 대체한다.

따라서 전이 하에 무엇인가를 말한다는 것은 내담자가 과거에 말하지 못했던 것을 말로 표현하는 과정이라고 할 수 있다. 현재 신경증자가 억압하는 충동은 과거에 대상과의 관계 속에서 억압할 수밖에 없었던 충동들이다. 분석은 "전이란 방식을 통해 오랜 과거의 갈등을 새롭게 만들어내고, 그런 관계 속에서 환자는 당시에 자신이 행동하고 싶었던 대로 행동"[70]하도록 만든다. 그리고 이를 통해 과거의 갈등이 다른 방식으로 종결되게끔 한다. 왜냐하면, 내담자가 과거의 대상과의 관계 속에서 억압했던 것을 현재의 다른 대상과의 관계에서도 억압한다는 사실은, 지금-여기의 관계가 과거 대상의 그림자에 의해 조율되고 있다는 것을 의미하기 때문이다.

바로 여기에 말하기의 가능성이 발견된다. 내담자의 말하기는 분석가가 아닌 분석가 너머의 제3자를 겨냥한다. 따라서 과거에 말할 수 없었던 것을 말로 표현한다는 사실은, 과거 갈등의 중심이 되었

---

68) 지그문트 프로이트. 윤회기·박찬부 옮김. 「쾌락원칙을 넘어서」〈정신분석학의 근본개념〉 열린책들. 2011. pp.287~288.

69) 같은 책. p.288.

70) 지그문트 프로이트. 임홍빈·홍혜경 옮김. 〈정신분석강의〉 열린책들. 2010. p.610.

던 대상에게서 벗어난다는 것을 가리킨다. 이것이 정신분석이 억압을 겨냥한 이유이다. 정신분석이 과거의 유년기 경험을 중시하는 것이긴 하지만 프로이트는 환자의 치료를 단순히 과거의 기억들만을 다루는 것에만 한정하지 않았다. 과거의 기억들은 분석가와의 현재 경험 속에서 다시 활성화되고, 따라서 분석가와 내담자는 과거의 경험을 다시 한번 다룰 수 있게 된다.

내담자는 과거의 괴로웠던 기억들, 그때 말하고 싶었지만 말하지 못했던 것들을 치료사에게 말하면서 감정을 소산시킬 수는 있다. 일종의 고해성사처럼 말이다. 이는 물론 치료적 효과를 가질 수 있다. 하지만 여기에는 한 가지 한계점이 있다. 내담자가 과거에 누군가에게 품었던 충동들을 말로 표현하지 못했다는 사실 자체에는 개입하지 못하기 때문이다. 과거의 일은 이미 지난 일이기 때문에 그나마 쉽게 표현할 수 있다. 하지만 눈앞에 있는 대상에게 품은 에로틱한 생각들이나 공격적인 충동들을 말로 표현하는 것은 매우 어려운 일이다. 치료적인 개입이 필요한 곳이 바로 여기이다. 눈앞에 있는 충동의 대상은 단순한 대상이 아니라 과거에 내담자가 떠나보내야 했던 그 대상을 가리키기 때문이다.

전이에 관해 한 가지 흥미로운 사실은, 그것이 단순히 과거의 기억이 아니라는 것이다. 프로이트에게 전이는 분석이 실제로 진행되어야 할 전장이다. 전이의 방점은 과거가 아니라 현재에 찍혀야 한다. 내담자는 이것을 어디까지나 현실적인 것으로 경험하며, 분석가

역시 그것을 현실적인 어떤 작용으로서 접근해야 한다. 그것은 분석가와 내담자 사이에 벌어지는 일종의 전쟁이며, 분석가는 거기에서 승리해야 한다. "부재중이거나 초상으로 존재할 때에는 어떤 것도 때려잡을 수 없는 법"[71]이기 때문이다.

이런 점에서 내담자가 현재 분석가에게 경험하는 충동들과 그것을 말로 표현하는 과정 자체가 중요하다는 사실이 도출된다. 분석가는 안전한 위치에서 내담자의 무의식을 분석하는 관찰자가 아니라, 내담자의 리비도적 대상으로서, 내담자의 환상 안으로 휘말려 들어간다. 즉, 분석가는 내담자의 대상이 되는 것이다.

프로이트가 전이를 치료의 중심에 놓으면서 염두에 뒀던 것은 내담자가 말하기에 대해 취하는 포지션이다. 내담자가 말할 수 없다고 느끼는 '생각들에 대한 생각'을 바꾸지 않는 한 신경증적 구조는 지속될 수밖에 없다. 억압이라는 방어기제에 직접적으로 관여하지 않는 한 내담자의 상태는 나아질 수 없기 때문이다. 전이를 다루면서 프로이트가 겨냥했던 것은 바로 이것이다. 분석가는 주체의 억압된 충동의 대상이 되고, 그와의 관계에서 말할 수 없는 것들을 말로 표현하게 만드는 전략을 취한다.

프로이트의 이러한 태도는 일반적인 심리치료 혹은 포스트 프로이디언들이 전이를 대하는 태도와 구분했을 때 뚜렷한 차이점을 보

---

71) 지그문트 프로이트. 이덕하 옮김. 「전이의 역동에 대하여」〈끝낼 수 있는 분석과 끝낼 수 없는 분석〉 도서출판 b. 2004. p.44.

여준다. 일반적인 치료 세션에서 내담자가 임상가에게 부정적인 충동들을 투사하는 일은 권장되지 않는다. 더군다나 그것을 말로 표현하는 일, 이를테면 임상가를 말로서 공격하는 일은 허용되지 않는다. 브루스 핑크가 정신분석의 기술을 소개하며 지적하듯 "대부분의 분석가들은 공격이나 분노와 같은 부정적인 전이를 분석가에게 투사해선 안 되는 감정 중의 하나로 간주한다. 그들은 그것을 중화시키려 하거나 되도록 회피하려 한다."[72] 그런데 이러한 태도의 문제점은 분석가의 태도로 인해 주체가 그러한 부정적인 정동들을 표현하지 않고 감추게 만든다는 데 있다. 이러한 태도는 내담자의 신경증을 해소하기는커녕 더욱 강화하는 결과를 낳을 가능성이 크다. 모든 대인관계에서 끊임없이 반복되어온 그 문제를 현재 상황으로 불러오지 않는 한 개입은 한계를 가질 수밖에 없다.

프로이트에게 있어 중요한 것은 전이 하에 내담자가 경험하는 것, 특히 억압된 진실들을 말로 표현하도록 만드는 것이다. 물론 이는 쉬운 일이 아니다. 사실 어디서도 말해본 적 없었던 생각들이기에 말로 표현하는 일은 매우 어렵다. 그것도 그 대상과의 관계 속에서 말이다. 하지만 여기가 정신분석이 가장 큰 변화를 유발하는 부분이기도 하다. 이것이 정신분석이 분석가와 내담자 사이에 전이라는 갈등을 유지하는 이유이다. 분석에서 전이가 필요한 이유는 내담자를 괴롭히기 위한 것이 아니라 내담자가 그 갈등으로 인해 발생하

---

72) 브루스 핑크. 맹정현 옮김. 〈라캉과 정신의학〉 민음사. 2010. p.77.

는 충동들을 말로 표현하도록 만들기 위해서이다. 전이는 분명 분석에 있어 저항이지만 그것을 넘어서는 것으로 치료적 효과가 발생한다. 이것이 전이는 '저항인 동시에 치료의 동력'이라고 프로이트가 지적한 이유이기도 하다.

대상, 정신분석가

■ 전이를 다룬다는 점은 프로이트의 정신분석학이 여타의 심리치료에 비해 가장 멀리 나아가도록 만든다. 핑크가 지적했듯이 일반적으로 심리치료에서 치료사는 내담자의 충동이 향하는 대상이 되지 않는다. 설령 치료사가 내담자의 어디 가서 말할 수 없는 내밀한 생각들을 말로 표현하도록 만든다고 해도, 그 말이 치료사를 직접적으로 향하는 것은 허용되지 않고는 한다.

내담자가 치료사에게 강한 증오심을 품는 경우를 생각해보자. 먼저 내담자는 자신의 증오에 대해서 이야기한다. "저는 당신에게 매우 화가 났어요." 이때 치료사는 자신의 개입을 통해 그 증오심이 사실은 치료사 본인이 아니라, 다른 누군가를 향하는 것이라고 지적할 수 있다. "그 증오는 제가 아니라 어머니를 향한 것이지요." 이것이 흔히 말하는 전이의 해석이다. 전이를 해석하는 것은 사실상 내담자의 충동이 향하는 대상이 치료사 자신이 아니라 다른 누군

가라는 사실을 보여준다. 그리고 이를 통해 내담자는 자신의 전이에 대해서 생각할 수 있게 된다. 그것이 사실은 비현실적인, 환상에 불과하다는 식으로 말이다. 이렇게 해서 치료사는 내담자의 충동이 향하는 대상이 아니게 된다.

반대로 프로이트의 정신분석에서 분석가는 내담자의 충동이 겨냥하는 대상이 되어야 한다고 권고한다. 내담자와 분석가 사이에 어떤 관계가 형성되고, 내담자는 그 안에서 실제로 무엇인가를 경험한다. 그리고 내담자는 자신이 모든 인간관계, 특히 사랑하는 대상과의 관계 속에서 반복했던 관계의 형태를 분석가와의 관계 속에서 반복한다. 분석가의 역할은 전이가 형성되었을 때, 그것을 그만두게 하는 것이 아니라 반복되는 그 관계를 계속해서 유지하는 것이다.

물론, 정신분석이 노리는 것은 그렇게 계속해서 반복되는 그 관계를 내담자가 넘어서도록 만드는 것이다. 단순히 지적인 접근을 통해서 내담자의 행동을 변화시키는 것은 매우 어려운 일이다. 내담자의 삶에 변화가 생기기 위해서는 그가 무엇인가를 아는 것이 아니라 실제로 경험하는 것이 중요하다. 바로 이 때문에 프로이트는 의식적 앎과 무의식적 앎을 구분한 것이다. 의식적으로 무엇인가를 알았다고 해서, 무의식이 그것을 알았을 것이라고는 생각할 수 없는 것이다.

전이 하에 반복되는 관계는 잃어버렸던 대상과의 관계이다. 프로

이트는 여기서 죽음 충동을 발견했다. 전이 관계가 잃어버린 대상과의 관계를 표상한다면 그것은 언제나 불쾌를 함축할 수밖에 없다. 어린아이가 계속해서 엄마를 상징하는 실패를 던지듯이, 내담자는 그 스스로에게 불쾌하게 경험되는 어떤 경험을 반복한다. 그래서 프로이트는 쾌락원칙을 넘어서 있는 어떤 충동을 상정할 수밖에 없었고, 그것에 죽음 충동이라는 이름을 붙였다.

그렇다면 내담자는 어째서 불쾌한 경험을 반복하는가? 이는 바로 불쾌한 경험 속에 있는 만족 때문이다. 프로이트는 죽음 충동과 삶의 충동의 얽힘과 풀림, 타나토스와 에로스의 결합과 해체에 관해서 이야기했다. 이는 죽음 충동의 안에 에로스적인 요소가 있으며, 반대로 에로스 안에 타나토스적인 요소가 있다는 것을 함축한다. 즉, 전이적 관계는 단순히 불쾌만을 생산하는 것이 아니다. 그 안에 쾌락이 존재한다. 문제는 이 쾌락이 쾌락으로 감지되지 않는 쾌락이라는 것이다. 유아는 사랑하는 대상을 상실한다면 죽음을 경험하게 될 것이다. 이것은 인간이 너무 일찍 태어난다는 한계 때문에 발생하는 일이다. 문제는 대상을 상실하는 것, 그 대상으로부터 유기되는 것은 죽음 충동을 만족시킨다는 사실이다.

불쾌한 일을 계속해서 반복한다면, 이는 그 안에 만족이 존재하기 때문이다. 그리고 끊임없이 내담자가 계속해서 고통을 겪고 있다면, 이는 그 고통이 주는 만족감 때문이다. 이 마조히즘적인 만족감은 내담자가 실제로 만족을 얻지 못하도록 만든다. 따라서 전이

를 해소한다는 것은 바로 이 마조히즘적인 만족감을 포기하도록 만들기 위한 것이다.

만족에 도달하기 위해서는 죽음 충동이 향하고 있는 이 옛 대상이 포기되어야 한다. 무의식은 과거의 대상을 이미 잃어버렸지만, 한편에서는 그러한 상실을 부정한다. 대상을 무의식적 수준에서 움켜쥐고 있는 것이다. 따라서 이 대상은 다시 한번 잃어버릴 필요가 있다. 이것이 정신분석의 끝에 애도의 문제가 걸려드는 이유이다.

Les écrits techniques de Freud

4장

심리치료와 정신분석

심리치료와 정신분석

■ 집단치료를 제외한 모든 심리치료·정신 분석은 적어도 임상가와 내담자라는 두 사람의 만남으로 시작된다. 증상으로 인해 고통받는 내담자는 치료를 요구하고 이러한 요구에 부응하는 임상가가 존재한다.

어떤 치료적 상황이든 기본적으로 내담자가 취하는 포지션에는 거의 변화가 없다. 가족이나 친구와 같이 가까운 사람의 권유에 의한 것이나 사법적인 문제를 일으켜 강제적으로 치료를 받아야 하는 경우 제외한다면, 대체로 내담자는 증상을 제거해달라는 요구를 가지고 임상가를 찾게 된다. 내담자는 크고 작은 신경증적·정신병적 증상으로 인해 고통받았고, 스스로는 이 문제를 해결할 수 없다고 생각한다. 따라서 그는 증상과 치료에 대한 지식을 가지고 있는 전문가인 임상가를 찾는다.

반대로 임상가는 내담자의 요구에 대해 다양한 포지션을 취할 수 있다. 여기서 임상가가 취하는 포지션은 매우 중요하다. 왜냐하면,

임상가가 내담자의 요구에 어떠한 방식으로 대응하느냐에 따라 임상실천의 성격 자체가 달라지기 때문이다. 임상의 방향을 지휘하는 것은 임상가의 포지션이다.

따라서 심리치료와 정신분석이 구분된다면 그것을 나누는 기준은 내담자의 특성이 아니라 임상가의 태도가 될 수밖에 없다. 그렇다면 정신분석가에게 있어 고유한 포지션은 무엇일까? 정신분석가에게 심리치료사의 그것과는 다른 태도가 존재한다면, 우리는 그것을 어떠한 방식으로 개념화할 수 있을까?

정신분석가에게 고유한 어떤 것을 명확히 이론화하는 일은 상당히 중요하다. 사실 심리치료와 정신분석은 모두 말을 사용하고 치료를 위해 두 명이 만난다는 점에서, 또 모두 인간의 정신을 다룬다는 점에서 매우 유사해 보인다. 그럼에도 심리치료와 정신분석에는 차이점이 존재한다. 심리치료와 구분할 수 있게 만들어주는 것은 결국에는 이 차이이다. 심리치료와 정신분석 사이에 어떠한 차이도 존재하지 않는다면, 우리는 그 두 가지 임상적 실천이 서로 어떻게 다른지 구분할 수 없게 된다. 더 나아가 정신분석을 더 이상 정신분석이라고 명명하는 것 역시 불가능하다. 정신분석과 심리치료가 서로 구분되지 않는다면 그 두 가지 용어를 혼용하지 못할 이유가 없다. 반대로 아주 사소하더라도 작은 차이가 존재한다면 우리는 정신분석과 심리치료를 서로 구분할 수 있을 것이며 서로에게 독립적인 영역을 마련해줄 수 있게 된다.

집단의 구조

■ 프로이트는 「집단심리학과 자아 분석」에서 최면이 진행되는 상황과 군대나 교회와 같은 전통적 집단이 구조적으로 같다는 사실을 논증했다. 다만, 집단구성원의 양만이 차이가 날 뿐인데, 일반적인 집단이 집단구성원 여러 명과 그 여러 명의 이상으로서의 지도자로 구성된다면 최면에서는 집단구성원 한 명과 지도자로서의 최면술사 한 명이 있을 뿐이다. "최면은 집단 형성과 같다고 말하는 편이 더 정확하다." 특히 "최면은 집단의 복잡한 구조 속에서 한 가지 요소 지도자에 대한 개인의 태도 만 분리해낸다."[73]

프로이트의 이 분석이 중요한 이유는 이것이 사랑에 빠짐이라는 현상을 분석하기 위한 것이었다는 사실에 있다. 프로이트는 사랑에

---

73) 지그문트 프로이트. 김석희 옮김. 「집단심리학과 자아 분석」〈문명 속의 불만〉 열린책들. 2011. p.127.

빠짐과 최면의 상동성에 주목하면서, 사랑에 빠짐을 분석하기에 최면이 적절하단 사실에 주목했다. 사실상 이 사랑의 빠짐이라는 현상이 분석에서 말하는 '긍정적' 전이라는 사실을 염두에 둔다면 이러한 논의가 갖는 가치라는 사실이 명확해진다. 이 논의는 분석치료 상황의 구조를 명확히 보여준다. 즉, 여기서 프로이트는 전이의 구조를 분석해냈으며, 전이 기능의 핵심에 자아 이상(idéal du moi)이 위치한다는 사실을 밝혀낸 것이다.

사랑에 빠짐, 즉 전이가 집단에서 지도자에 대한 개인의 태도를 분리해낸다면 그 태도는 무엇일까? 프로이트는 다음과 같이 열거한다. "사랑에 빠진 사람이나 최면에 걸린 사람은 사랑의 대상이나 최면술사에게 겸손하게 복종하고, 그들의 요구나 명령에 순순히 따르고, 그들을 비판하지 않는다."[74]

프로이트는 이 논문을 집필하기 10여 년 전 「나르시시즘 서론」에서 자아 이상의 기능이 집단심리학에 매우 중요한 역할을 한다는 지적한 바 있었다. "이 자아 이상이 개인적인 측면 이외에 사회적인 측면도 지니고 있기 때문이다. 자아 이상은 바로 한 가족의 공통 이상이기도 하고 한 계급이나 민족의 공통 이상이기도 한 것이다."[75]

자아 이상이란 자아가 가지지 못한 어떤 탁월함을 가진 외부의 대상을 의미한다. 그것은 말 그대로 자아의 이상이다. 자아는 완벽

---

74) 같은 책. 같은 쪽.
75) 지그문트 프로이트. 윤희기·박찬부 옮김. 「나르시시즘 서론」〈정신분석학의 근본개념〉 열린책들. 2011. p.85.

하지 못하기 때문에, 즉 어떤 결핍을 갖고 있으며, 그러한 결핍이 극복된 타자를 상정한다. 이때 신경증자는 그러한 타자의 모습이 되기를 원하는데, 이것이 바로 자아 이상이다. 자아 이상은 어떤 결핍도 존재하지 않는, 완벽한 자아의 이미지이다.

일반적으로 신경증자가 사랑에 빠지는 경우 사랑이 겨냥하는 것은 바로 자아 이상이다. 즉, 신경증 환자는 타자를 자신과 동등한 자아의 관점에서 사랑하는 것이 아니라, 자신보다 더 나은 사람, 자신보다 더 큰 타자로서 사랑하는 것이다.

신경증 환자는 나르시시즘에 손상을 입었지만, 이 손상된 나르시시즘은 자아 이상이라는 형상을 통해 보충 가능해진다. "신경증 환자는 자신에게는 없는 어떤 탁월함을 지닌 대상을 나르시시즘적 유형의 대상 선택에 따라 자신의 성적 이상으로 선택함으로써 대상리비도 집중에서 벗어나 다시 나르시시즘으로 돌아오는 길을 모색한다."[76] 다시 말하자면 신경증자는 자신이 갖고 있지 못한 것을 가지고 있는 타자를 사랑하며, 그러한 타자로부터 사랑받기를 원한다는 것이다.

프로이트는 군대와 교회라는 두 전통적 집단을 분석했는데, 이러한 분석은 사회의 교환구조 자체를 설명하는 데 도움이 되기도 한다. 각 주체가 화폐를 통해 타자와 교환하는 대상이란 무엇인가? 그 주체가 자신의 능력을 통해 모든 것을 해결할 수 있다면 타자로

---

76) 같은 책. p.84.

부터 그 대상을 갈구할 필요도 없을 것이다. 자신은 그러한 대상을 만들어낼 수 없다, 더 정확히 말해 가지고 있지 않다는 결핍에 대한 인식 자체가 화폐를 통한 교환을 가능케 한다. 따라서 타자는 주체가 가지고 있지 못한 대상을 가지고 있는 자인데, 결과적으로 그 타자는 주체가 가지고 있지 않은 어떤 탁월함을 가진 자, 자아 이상의 자리에 위치하게 될 수도 있다.

주체가 화폐를 통해 교환하고자 하는 대상은 굳이 물질적 대상일 필요는 없다. 가령 지식 역시 이러한 대상이 될 수 있다. 주체는 자신보다 더 많이 아는 사람에게 사랑에 빠질 수 있으며 화폐를 통해서라도 그로부터 그 지식을 받길 원할 수 있다. 이것이 바로 학교의 구조이다. 그리고 이 구조는 더 나아가 심리치료와 정신분석적 세팅 자체에 적용된다. 주체의 입장에서 볼 때 심리치료사나 정신분석가는 내담자가 갖지 못한 지식을 가진 타자이며, 치료에 대한 요구는 그들이 가진 지식에 대한 요구를 가리킨다. 이런 의미에서 심리치료사나 정신분석가를 향한 사랑, 즉 전이는 그들 자체에 대한 사랑이 아니라 그들이 가지고 있는 지식에 대한 사랑을 가리킨다.

신경증자는 자아 이상으로부터 사랑받길 원하며 이것을 하나의 치료법으로 간주한다. 오히려 프로이트는 다음과 같이 지적한다. "일반적으로 신경증 환자는 이 치료법(필자 주: 사랑에 의한 치료)을 분석에 의한 치료법보다 더 선호한다. 실제로 환자는 다른 치료법의 메커니즘을 신뢰하지 않는다. 보통 그는 사랑에 의한 치료의 기대를 가

슴에 담아 두고는 그것을 자신을 치료하는 의사에게도 그대로 말한 다."[77] 이로부터 신경증자가 심리치료/정신분석 상황에서 기대하는 것이 무엇인지 명확해진다. 신경증자는 타자로부터 사랑받길 원한 다. 그리고 그들이 사랑하는 대상이 지식이라는 점에서 타자로부터 지식을 받길 원하며, 그것을 사랑으로, 치료로 인식한다.

---

77) 같은 책. 같은 쪽.

요구의 좌절

　　　　　■ 프로이트의 정신분석은 바로 이곳을 겨냥
한다. 바로 이 때문에 프로이트는 정신분석의 중심에 전이를 배치
했던 것이다. 분석가가 리비도적 대상이 되는 순간, 내담자는 분석
가로부터 사랑받기 위한 전략을 취한다. 자아 이상으로부터 사랑받
는 것은 주체가 갖고 있지 못한 것을 타자로부터 받는 것을 의미하
는 것이기 때문에 고갈된 나르시시즘을 극복하도록 만든다. "사랑
관계에 있어서는 사랑받지 못하면 자존심이 떨어지게 되고 반면에,
사랑을 받으면 자존심이 올라가게 된다."[78] 내담자는 분석가로부터
사랑받음으로써 분석가를 통해 자신의 결여를 극복하고자 하는 것
이다.

　내담자가 전이를 통해 반복하는 것은 말 그대로 만족을 얻기 위한
것이다. 내담자는 분석가로부터 사랑받음으로써 자신의 결핍을 극

---

78) 같은 책. p.80.

복할 수 있게 된다. 그러나 프로이트는 그러한 사랑의 요구에 부응하지 않아야 한다고 지적한다. 그는 "환자는 무엇보다도 치료 자체에서 의사와 전이 관계를 맺음으로써 대체만족을 얻으려 한다."[79]라고 지적하며, "분석치료는 가능한 한 결핍-금욕- 속에서 수행되어야 한다."[80]라고 말한다. 여기서 우리는 프로이트의 특수성을 확인할 수 있는데, 그는 정신분석 과정을 결핍을 극복하는 과정이 아니라 결핍을 유지하는 과정이라고 보고 있다. 분석은 환자의 만족을 위한 요구들을 거절한다. 즉, 프로이트는 분석가가 가능한 한 결여를 유지할 것을 요구한다. 즉, 분석가는 주체에게 만족을 주는 것이 아니라 그것을 만족되지 않은 상태로 유지한다.

여기서 프로이트는 전이에 대한 원칙을 제시한다. 내담자가 분석가에게 사랑을 요구할 때 분석가는 그러한 사랑을 들어주어서는 안 된다. 이는 단순히 주체의 성적인 요구들에 한정된 것이 아니다. 프로이트적 관점에서 환자의 성적인 요구들이 현실화되는 것은 피하면서 감정적으로 온정적으로 대하는 것 역시 피해야 할 일이다. 왜냐하면, 그것은 거짓말에 불과하기 때문이다. 정신분석치료는 솔직함을 토대로 하는 것이기 때문에 분석가가 거짓말을 하고 있다는 것이 드러나면 이는 치료에 위험이 된다. 다시 말해, 환자가 "요구하는 만족을 거절할 것을 분석 기법이 규칙으로서 의사에게 요구

---

79) 같은 책. p.278.
80) 지그문트 프로이트. 이덕하 옮김. 「정신분석 요법이 나아갈 길」〈끝낼 수 있는 분석과 끝낼 수 없는 분석〉 도서출판 b. 2004. p.276.

한다."[81]

이는 신경증을 촉발하는 원인이다. 리비도적 만족의 좌절은 신경증을 나타나게 만드는 조건이기 때문이다.

신경증 환자는 외부세계의 현실적인 대상이 사랑의 욕구를 만족시켜 주는 한에서는 건강하지만, 그 대상이 사라지고 그 자리를 대신 채워 줄 다른 대상이 없으면 그 즉시로 신경증을 일으킨다. 그러므로 여기에서 행복은 건강과 일치하고 불행은 신경증과 일치한다. 이 경우에는 운명이 의사보다도 치료 효과를 보이기가 더 쉽다. 왜냐하면, 운명은 환자에게 그가 잃어버린 것을 만족시킬 가능성이 있는 대용물을 제공할 수 있기 때문이다.[82]

그러므로 신경증자의 요구를 거절하는 것은 사랑해주기를 거부하는 것이며, 신경증을 일으키는 원인이 된다. 그렇다면 왜 분석가는 신경증을 촉발하는 상황을 일부러 유도하는가? 신경증자에게 사랑을 베풀어줌으로써 치료할 수 있는 것 아닐까? 다시 말해, 신경증자의 요구를 들어주면서 그들을 치료할 수 있는 것은 아닐까? 행복이 건강을 의미하고 불행은 신경증을 의미한다면 말이다.

하지만 문제는 이렇게 간단하게 축소될 수 없다. 왜냐하면, 진정

---

81) 지그문트 프로이트. 이덕하 옮김. 「전이 사랑에 대한 소견」〈끝낼 수 있는 분석과 끝낼 수 없는 분석〉도서출판b. 2004. p.135.

82) 지그문트 프로이트. 황보석 옮김. 「신경증 발병의 유형들」〈정신병리학의 문제들〉열린책들. 2010. p.98.

한 문제는 신경증자가 타자의 사랑을 받지 못해 병들었다는 사실이 아니라 신경증자가 사랑의 거절을 견디지 못한다는 사실이기 때문이다. 마치 아이가 자신을 사랑해줄 이상적 타자가 부재하는 경우 불안을 호소하듯, 신경증자는 사랑해줄 사람이 없다면 병에 걸려버린다. 물론 분석가가 신경증자의 사랑의 욕구에 응해준다면 신경증자는 쉽게 나아질 것이다. 그러나 분석가와의 관계가 멀어진다면, 즉 자신을 사랑해줄 사람이 사라진다면 문제는 다시 발생하게 된다. 그러므로 분석가가 내담자에게 사랑을 베풀어주는 것은 치료에 실패하도록 만드는 일이다. 중요한 것은 신경증자가 리비도가 충족되지 않는 상황을 견뎌낼 수 있도록 만드는 것이다. 그 때문에 분석은 내담자의 반복을 겨냥할 수밖에 없다. 분석가가 리비도적 욕구를 충족시켜주지 않는 순간부터 신경증자는 반복을 통해 만족을 얻기 위한 전략들을 펼친다. 반복은 분석가로부터 사랑을 끌어내기 위한 방법이라는 것이다. 반복은 내담자가 자신의 역사 속에서 사랑을 얻어내기 위해 부모와의 관계 속에서 취했던 전략들이다. 그래서 프로이트는 반복을 증상이라 규정했던 것이며, 환자의 사랑 요구를 거절할 것을 분석의 지침으로 세운 것이다.

그렇다면 정신분석가는 내담자가 모든 종류의 만족을 얻지 못 하게 하는 것일까? 분석에서는 오직 좌절만을 경험하는 것일까? 그렇지 않다. 만약 지나치게 주체를 좌절시킨다면 내담자는 치료를 견디지 못할 것이기 때문이다. 따라서 분석가는 만족을 미래에 주어

질 미끼처럼 이용한다. 지금은 분석가가 자신을 사랑해주지 않지만 언젠가는 그가 자신을 사랑해줄 것이라는 환자의 믿음을 이용해야 한다는 것이다. 왜냐하면, 이것이 분석 작업의 동력이 되기 때문이다. 이에 대해 프로이트는 다음과 같은 환자의 사례를 인용한다. "모든 어려움을 성공적으로 극복한 후에, 종종 여성 환자는 치료를 시작할 때에 만약 자신이 훌륭히 처신한다면 끝에 가서 의사의 애정을 통해 보답 받게 될 것이라는 기대 환상을 품었음을 시인한다."[83]

분석가의 사랑에 대한 기대야말로 분석의 동력이다. 정신분석에서 핵심은 저항을 극복하고 내담자 스스로 작업하는 것이다. 그러나 내담자가 스스로 무의식의 작업에 참여하는 것은 매우 어려운 일이다. 내담자는 끊임없이 저항한다. 분석가가 리비도적 대상이 되지 않는 이상 내담자가 전이를 이겨내도록 만들 수 없다. 그래서 분석가는 전이를 이용한다. 분석가는 전이가 부여하는 권력을 이용해 내담자가 저항을 극복하도록 만든다. 내담자는 분석 작업에 훌륭하게 참여한다면 분석가로부터 사랑받을 것이라는 환상을 가지게 되고, 저항을 극복하는데 이것이 분석의 동력이 되는 것이다.

---

83) 지그문트 프로이트. 이덕하 옮김. 「전이 사랑에 대한 소견」〈끝낼 수 있는 분석과 끝낼 수 없는 분석〉 도서출판 b. 2004. p.143.

심리치료와 정신분석에서 전이의 활용

■ 여기가 심리치료적 실천으로부터 프로이트적 포지션이 구분되는 지점이다. 앞서 지적했듯, 신경증자는 자아이상으로부터 사랑받기를 원한다. 이러한 신경증자의 태도에 대해 심리치료사와 정신분석가는 서로 상이한 태도를 취한다. 심리치료사는 그러한 신경증자의 요구에 직접적으로 부응하는 대신, 프로이트는 그러한 태도에 부응하지 말 것을 요구했다. 분석가는 철저한 중립성을 유지하고 내담자의 요구에 부응하지 않는다. 그것이 육체적인 요구가 아니라 정서적인 요구일지라도 말이다. 이와는 반대로 심리치료는 편안한 분위기에서 진행되는 경우가 많다. 치료사는 내담자의 요구에 부응하며 내담자가 편안함을 느끼는 환경을 조성한다. 왜냐하면, 이러한 온정적인 분위기 속에서 치료적 효과가 발생한다고 보기 때문이다.

예를 들어, 브루스 핑크에 따르면, 위니캇과 같은 분석가들은 주

체의 완벽한 사랑 대상이 되는 것이 분석가의 임무라고 믿는다. 이들은 신경증의 원인을 환경의 실패로 이론화한다. 즉 자라는 동안 어머니로부터 적절한 양육을 받지 못했기 때문에 신경증에 걸린다고 보는 것이다. 따라서 분석가는 어머니가 해주지 못했던 역할을 대신 수행하며, 내담자에게 적절한 관심과 사랑을 보충한다. 분석가가 이러한 역할을 해주면 내담자는 좀 더 성숙한 단계로 발달하게 된다. 위니캇은 이러한 어머니의 역할을 '충분히 좋은 엄마'라고 표현했다. 이는 내담자의 요구를 넘어 너무 과도한 보살핌으로 숨막히게 만드는 것이 아니라, 내담자의 요구에 적절히 발맞춰 부응하는 분석가의 태도를 가리킨다.[84]

반대로, 프로이트는 그것이 유년기 나르시시즘을 보충하는 것에 불과하며, 그러한 타자로부터 독립할 수 있어야 한다고 보았다. 따라서 분석가가 주체의 결핍을 채워주려는 것은 내담자의 상태를 더욱 악화시키는 일이 될 뿐이다. 그것이 일시적으로 편안함을 만들어줄지라도 말이다. 이것이 프로이트가 분석이 이러한 온정적인 분위기 속에서 진행되는 것을 단호하게 거부한 이유이다. 다소 길지만, 프로이트의 입장을 잘 보여주는 대목을 직접 인용해보자.

분석가가 말하자면 자비심을 한 사람이 다른 사람에게 기대할 수 있는 모든 것을 환자에게 베풀어준다면 그것은 우리의 신경증 환자

---

84) 브루스 핑크. 이성민 옮김. 〈라캉의 주체-언어와 향유 사이에서〉 도서출판 b. 2010. p.168.

를 위한 비분석적인 기관에서 범하는 것과 같은 경제적 오류를 범하는 것입니다. 그곳에서 추구하는 것은 다름이 아니라 환자가 그곳에서 편안함을 느끼며 그곳을 기꺼이 다시 삶의 어려움으로부터의 피난처로 받아들일 수 있도록 환자를 가능한 한 편안하게 해주는 것입니다. 그럼으로써 그곳에서는 삶을 위해 환자를 강하게 만들고 그가 해야 할 일을 할 수 있는 능력을 갖추도록 만드는 일을 포기합니다. 분석치료에서는 그런 모든 응석받아 주기를 피해야 합니다. 의사와의 관계에 있어서 환자에게는 실현되지 않은 소원들이 많이 남아있어야 합니다. 그가 아주 강렬하게 소원하고 아주 절박하게 표출하는 바로 그런 것에 대한 만족이 거절되는 것이 적절한 것입니다.[85]

내담자의 전이적 요구, 즉 사랑의 요구에 분석가가 부응하기 시작할 때 내담자는 편안함을 느끼고 그곳을 일상생활의 어려움으로부터 도망칠 수 있는 피난처로 여길 것이다. 심리 치료적 개입의 특징은 내담자를 신경증 상태에 빠트렸던 결여를 일시적으로 없애는 것이다. 이를 위해 심리치료사는 결여라는 이름으로서만 만날 수 있었던 어머니라는 역할을 대신 수행한다. 그러나 치료사가 어머니의 대리인이 되는 것에는 분명한 부작용이 있다. 이는 '삶을 위해 환자를 강하게 만들고 그가 해야 할 일을 할 수 있는 능력을 갖추도록 만드는 일을 포기'하는 것이다.

---

85) 지그문트 프로이트. 이덕하 옮김. 「정신분석 요법이 나아갈 길」〈끝낼 수 있는 분석과 끝낼 수 없는 분석〉 도서출판 b. 2004. pp.278~279.

어떤 종류의 심리치료/정신분석적 실천에서도 전이는 필요하다. 한 사람이 다른 사람에게 영향력을 발휘하기 위해서는 전이에 따른 이상화가 필요하기 때문이다. "환자의 전이가 양성으로 나타날 경우, 그것은 의사를 권위 있는 존재로 만들고 의사의 말이나 견해에 대한 믿음으로 전환"[86]된다. 우리의 개인적 경험을 뒤돌아보면 우리의 생각과 행동에 영향을 미칠 수 있는 사람은 한정되어 있다는 사실을 알 수 있다. 어떤 사람들의 말은 아무런 의미가 없지만, 또 어떤 사람들의 말은 많은 무게를 갖는다. 우리가 어떤 사람의 말에 영향을 받는다면, 그것은 그에게 리비도가 투자되고 있기 때문이다. 프로이트의 지적처럼 전이가 권위를 만들어낸다. 좋건, 싫건 임상가는 내담자의 리비도가 향하는 대상이 될 수밖에 없다. 현실에서 충족되지 못한 리비도는 임상가라는 새로운 대상을 만나면서 그를 통해 충족될 것이라 기대하며 투자된다.

따라서 요구에 대해 임상가가 어떤 태도를 보이느냐에 따라 임상의 성격이 달라진다. 심리치료사는 내담자의 요구에 부응하는 태도를 취한다. 심리치료사는 주체가 가진 환상에 부응한다. 잃어버린 어머니를 대신할 만한 누군가가 있다는 믿음을 지탱하는 역할을 한다. 대체로 심리치료사는 심리에 대한 전문가로서 기능하는 이유 역시 여기에 있다. 내담자는 치료사에게 무엇인가를 요구하게 된다. 이를테면, 지식에 대한 요구나 해석에 대한 요구가 있을 수 있

---

86) 지그문트 프로이트. 임홍빈·홍혜경 옮김. 〈정신분석 강의〉 열린책들. 2010. p.598.

다. 혹은 삶을 살아가는 방식에 대해 치료사가 알려주기를 요구할 수 있다. 그런데 내담자의 요구는 단순한 요구가 될 수 없다. 요구에 대한 응답과 거절은 사랑의 응답이나 거절을 의미하기도 하기 때문이다. 이때 심리치료사는 그러한 요구들에 직접적으로 응답하며, 전이적 타자에 대한 믿음을 지탱한다.

반대로, 정신분석에서 분석가는 사랑의 요구에 부응하지 않는다. 정신분석의 원칙을 적용하는 일은 애초에 리비도적 요구를 거절하는 방향으로 진행된다. 앞서 보았듯이 내담자의 무의식에 대해 말할 수 있는 사람은 내담자 자신이다. 따라서 분석가는 내담자가 지식을 요구할 때 그 지식을 직접적으로 제시하는 것이 아니라 내담자 스스로 찾도록 만든다. 대체로 내담자들이 분석가에게 그것을 요구한다고 해도 분석가는 그것을 거절할 수밖에 없다. 그런데 이러한 거절은 사랑의 거절을 의미하며, 이는 내담자의 신경증을 분석가와의 현재 관계 속으로 불러오는 원인이 된다.

전이의 해소

■ 전이적 반복이 분석가와의 관계에서 나타나야 하는 이유는 그것이 분석의 대상이기 때문이다. "분석적 치료에서는 전이 자체가 치료의 대상이며, 전이가 나타나는 모든 형식이 해체된다."[87] 앞에서 언급했듯 정신분석은 신경증을 과거의 일로서 다루지 않는다. 신경증은 분석가와의 관계에서 실제로 나타난다. 그리고 분석의 목표는 이 전이를 분석하여 해체하는 것이다.

전이가 사라지는 경우 주체가 더 이상 분석가에 의해 영향받지 않는다는 것을 의미한다. 내담자가 분석가에게 영향을 받았던 이유는 그에게 리비도가 투자되고 이상화되었기 때문이다. 하지만 분석가에게 더 이상 리비도가 투자되지 않는다면 주체가 분석가의 말에 귀를 기울일 필요도 없게 된다. 그런데 분석가에 대한 믿음이 사라졌음에도 신경증은 재발하지 않는다. 이는 신경증의 정신분석이 암

---

87) 같은 책. 같은 쪽.

시와 관련이 없다는 것을 의미한다. 만약 신경증이 암시에 의해 사라진 것이라면 분석가의 영향력이 사라지는 순간 그것은 다시 나타나야 한다.

이는 심리치료와 정신분석을 구분할 수 있게 만드는 또 한 가지 지점이 된다. 치료사는 내담자에 의해 사랑받는 사람, 즉 리비도가 투자되는 대상이며 내담자를 사랑해줌으로써 내담자가 겪는 곤경을 벗어나도록 돕는다. 내담자는 치료사의 사랑을 통해 고갈된 나르시시즘을 보충한다. 이때 치료를 가능하게 만드는 것은 치료사와 내담자의 긍정적인 관계 자체이다. 따라서 치료적 효과가 유지되기 위해서는 치료의 종결 이후에도 치료사와 내담자 사이의 긍정적인 관계가 계속해서 유지될 필요가 있다. 반대로 사랑받지 못하게 되는 상황에 놓이게 되면 내담자는 다시금 병리적 상태에 빠지게 된다. 내담자의 애정적 욕구에 부응하는 것으로는 신경증을 치료할 수 없다.[88]

이것의 또 다른 문제점은 내담자가 이상화된 치료사의 영향력 안에 남아있게 된다는 사실이다. 달리 말하자면, 내담자는 주체가 되지 못하고 치료사의 대상으로 남는다. 이렇게 대상으로 남는 것에는 나름대로 이득이 있다. 자신을 보호해주고 사랑해주는 대상이 존재한다는 사실은 대상과의 분리로 인해 발생하는 불안을 감당할 수

---

88) 지그문트 프로이트. 이덕하 옮김. 「전이 사랑에 대한 소견」〈끝낼 수 있는 분석과 끝낼 수 없는 분석〉도서출판 b. 2004. p.136.

있도록 한다. 하지만 이는 자신의 삶을 책임질 수 있는 능력을 앗아간다는 점에서 한계를 갖는다. 아이가 언젠가 부모가 자신의 곁을 떠날 수도 있다는 사실을 알게 될 때 비로소 주체가 되는 것처럼 말이다.

심리치료는 타자에 대한 믿음을 지탱한다. 중요한 것은 이러한 타자의 존재에 대한 믿음이 신경증에 대한 마취제로서 기능한다는 것이다. 사랑의 요구를 무제한적으로 충족시켜주면 내담자는 '적대적인 삶'의 장으로 나아가지 못하고 유아적인 상태로 남아있게 된다. 그러나 내담자는 언젠가는 이상화된 타자에게서 벗어나 스스로 자신의 삶을 책임져야 하는 척박한 상태, 즉 적대적 삶으로 나아가야 한다. 타자를 떠나보내고 자신의 삶에 책임을 져야 하는 순간은 반드시 도래할 수밖에 없다. 이 때문에 정신분석은 내담자를 이상화된 타자로부터 분리시키는 전략을 취한다. 프로이트는 이에 대해 다음과 같이 말한다.

그들은 우주라는 거대한 체계 안에서 자신이 얼마나 무력하고 하찮은 존재인가를 절실히 깨달아야 할 것이다. 그들은 더 이상 우주의 중심일 수 없고, 자비로운 신의 섭리가 보살펴 주는 대상일 수도 없다. 그들은 따뜻하고 안락한 부모의 집을 떠난 어린애와 똑같은 처지에 놓이게 될 것이다. 그러나 유아 상태는 결국 극복될 수밖에 없는 운명이다. 인간은 영원히 어린애로 남아있을 수는 없다. 결국에는 〈적대적인 생활〉 속으로 나아가야 한다. 우리는 이것을

현실에 대한 교육이라고 부를 수 있을 것이다.[89]

그래서 정신분석은 분석가에 대한 이상화 자체가 해소되는 순간까지 진행된다. 분석의 끝에 분석가는 더 이상 주체에 의해 사랑받는 대상이 아니다. 내담자가 저항을 이겨낼 수 있었던 이유는 분석가를 향한 리비도 투자 때문이었다. 전이가 사라지게 되면 말하라는 분석가의 요구는 아주 곤혹스러운 요구가 되며 분석가는 '낯선 대상'이 된다. 그래서 분석이 끝난 후에도 분석가와 내담자가 긍정적인 관계를 맺는 일은 일어나지 않는다. 따라서 핑크는 분석이 종결된 후에 내담자와 분석가가 애정 어린 관계를 맺는 것을 이해할 수 없다고 말한다. "종종 분석 주체들로부터 분석이 화기애애하게 끝났으며, 그 이후로 분석가와 좋은 친분 관계를 유지하고 있다는 말을 들을 때면 나는 당황하지 않을 수 없다."[90]

애초에 전이는 주체가 자신의 결여를 극복하기 위해 대상을 사랑할만한 대상으로 만드는 것이다. 문제는 결여를 야기한 거세를 극복할 수 있는 것이 아니라는데 있다. 프로이트는 분석을 통해 주체가 이 사실을 알게 되기를 바랐는데, 이 때문에 그는 대체만족을 제공하지 않으려 했던 것이다. 따라서 분석가는 분석가라는 대상에게 덮어 씌워진 환상을 주체가 스스로 포기할 수 있는 순간까지 진

---

89) 지그문트 프로이트. 김석희 옮김. 「환상의 미래」〈문명 속의 불만〉 열린책들. 2011. p.221.
90) 브루스 핑크. 맹정현 옮김. 〈라캉과 정신의학〉 민음사. 2010. p.129.

행된다. 환상을 스스로 포기한다는 것은 내담자는 자신의 결여를 극복하려 한다는 것을 포기했다는 것을 가리킨다. 내담자는 스스로 분석가를 거부한다.

타자의 결핍

■ 정신분석과 심리치료가 이렇게 나뉘는 이유는 타자의 형상에 대해 서로 다른 관점에서 보기 때문이다. 심리치료는 전능한 타자, 결핍이 없는 타자의 존재를 인정하는 반면, 정신분석에는 결핍이 없는 타자를 인정하지 않는다. 그런데 결핍이 없는 타자는 하나의 믿음이다. 어머니나 아버지와 같은 타자 또한 사람이기 때문에 한계가 있을 수밖에 없으며 분석가와 치료사 역시 마찬가지이다. 그 때문에 타자는 아이의 요구에 적절히 부응하지 못하고 실패하는 이유는 그들 역시 결핍된 인물이기 때문이다. 타자도 무엇인가를 욕망해야만 하는 결핍된 존재이다. 그럼에도 내담자가 결핍이 없는 타자의 존재를 상정하는 이유는 자신의 결핍을 극복하기 위해서이다. 신경증은 결여가 존재하는 타자로부터 결여가 존재하지 않는 이상적 타자를 상상해낸다. 심리치료는 그러한 타자에 대한 믿음을 지탱하는 한편, 정신분석은 믿음을 걷어낸다.

죄책감은 결핍 없는 타자를 향한 믿음을 지탱하는 방식 중 하나이다. 타자가 아이에게 적절한 사랑을 베풀어주지 않을 경우, 아이는 그 책임을 자기 자신이 지는 방식으로 그 곤경을 돌파한다. 자신이 뭔갈 잘못했기 때문에 자기 자신의 결핍 때문에 어머니가 자신을 사랑해주지 않는다고 말이다. 죄책감은 타자의 결핍을 아이가 대신 뒤집어쓰는 것이다. 이는 타자의 사랑을 포기하는 것보다는 낫기 때문에 아이가 선택하는 한 가지 길이다. 타자의 결핍을 대신 짊어짐으로써 언젠가는 타자로부터 사랑받을 수 있을 것이란 믿음, 타자는 완전하다는 믿음을 유지한다. 아이의 믿음 속에서 여전히 타자는 줄 수 있는 인물이다. 다만, 타자가 주지 않은 이유는 아이가 불충분한 존재였기 때문이다.

정신분석은 이러한 믿음 자체를 겨냥한다. 프로이트는 이러한 유아적 믿음이 언젠가는 해체되어야 할 것으로 보았다. 분석가가 프로이트적 포지션을 취하는 일은 인간으로서 당연히 기대할 만한 인간적인 유대를 포기하도록 만든다. 이것이 분석가의 태도를 갖추기 어려운 이유이다. 프로이트에 따르면 분석가는 내담자의 요구를 거절해야 한다. 그런데 이는 분석가가 내담자에게 좋은 대상이 되기를 포기해야 한다는 것을 의미한다. 그렇지만 이는 쉬운 일이 아니다. 다른 사람에게 좋은 대상이 되는 일을 포기하는 일은 그 자신의 나르시시즘을 포기해야만 가능한 일이기 때문이다. 내담자에게 도움을 줄 수 있다는 것은 치료사는 내담자보다 뛰어난 인물이라는

것을 의미하기 때문에 나르시시즘적인 충족감을 줄 수 있다. 그러나 분석적 환경은 분석가가 내담자를 통해 나르시시즘적인 만족을 얻을 수 없도록 한다.

요구를 수용하는 것은 분석을 정체에 빠트린다. 분석가가 내담자의 요구를 수용하기 시작하면 분석은 요구를 중심으로 작동하기 시작한다. 그리고 내담자는 점점 더 많은 것들을 요구하게 될 것이다. 예를 들어, 내담자는 계속해서 해석을 요구하거나 무엇을 말해야 할지 요구할 수 있다. 이는 내담자가 자발적으로 분석을 진행하는 것이 아니라는 것을 의미한다. 요구에 의존하는 순간 분석은 분석가에 의해 진행된다. 분석가가 특정한 주제에 대해 한두 번 더 묻는 것만으로도 내담자는 그러한 주제를 회피하거나 그것만을 중심적으로 다루려 할 수 있다. 이렇게 된다면 내담자는 자신의 경험을 온전히 표현할 수 없게 된다. 그러므로 분석가는 처음부터 그러한 요구에 관심이 없다는 것을 보여주어야 한다. 분석가의 유일한 요구는 자유연상뿐이다.

분석의 기법을 적용하기 어려운 이유는 그것이 내담자와 분석가 모두에게 상당히 고통스럽기 때문이다. 분석의 기법은 좌절이 중심이 된다. 내담자의 요구에 부응하지 않는 것이다. 이는 내담자에게 자신이 포기할 수밖에 없었던 대상에 대한 향수를 불러일으킨다. 이를 향수라고 표현하기는 했지만, 이는 내담자 본인에게는 상당히 끔찍한 체험이다. 유일하게 사랑하고 자신을 보호해줄 것으로 생각

했던 단 하나의 대상을 떠나보내는 과정이기 때문이다. 이것이 어머니를 떠나보낼 수밖에 없었던 시절의 기억이 억압되는 이유이기도 하다. 기억하느니 차라리 잊어버리는 것이 낫다는 것이다. 그러나 이 시절의 기억은 완전히 잊히지 않는다. 언제나 계기만 주어진다면 다시 재체험되는 기억이다. 분석은 좌절을 통해 이 시절의 기억들을 다시 불러일으킨다. 분석가 역시 마찬가지이다. 분석가는 자신의 내담자에게 좋은 대상이기를, 내담자로부터 사랑받을 만한 대상이 되는 것을 포기해야 한다.

그럼에도, 정신분석이 이를 겨냥하는 이유는 그것이 사랑을 추구하기 때문이다. 진정한 의미의 사랑이란 어떤 의미에서는 '완벽한' 사랑을 받고자 하는 태도가 포기된 이후에 가능하다. 사랑하는 관계에서 좌절을 감당하지 못하는 것은 결과적으로 관계 자체를 불가능하게 한다. 어느 한쪽이 다른 한쪽에게 종속되는 결과를 낳기 때문이다. 그러므로 정신분석은 사랑 자체를 폄하하는 것이 아니다. 정신분석이 겨냥하는 것은 사랑하는 태도이며, 사랑에 대한 환상이다. 타자를 통해 자신의 결여를 극복하려는 태도 말이다. 그 때문에 정신분석은 타자의 결핍을 감추는 것이 아니라 그것을 드러낸다. 타자에게 내담자의 결여를 채워줄 만한 대상이 없다는 사실을 드러냄으로써 말이다.

Les écrits techniques de Freud

5장

정신분석의 끝에 대한 프로이트의 견해

종결과 관련된 문제들

　　■ 모든 시작에는 끝이 존재한다. 삶이 있기 때문에 죽음이 존재하며 만남이 있으면 이별도 존재한다. 이는 정신분석도 마찬가지이다. 정신분석이 내담자와 정신분석가의 만남으로 시작한다면 거기에는 당연히 헤어짐도 존재하기 마련이다. 그렇다면 정신분석은 어떤 방식으로 끝나게 되는가?

　일반적인 상담 및 심리치료에서는 치료의 끝이 비교적 명확하게 규정된다. 먼저 내담자가 혼자서는 도저히 해결되지 않는 심리적 문제를 가지고 치료사를 방문한다. 이후 치료사는 본격적인 치료를 시작하기에 앞서 내담자와 협의하에 치료를 통해 개선해야 할 점들이 무엇인지 검토하고 목표를 설정한다. 그리고 치료를 위해 필요한 세션의 수를 결정한다. 이후 치료를 통해 문제를 해소하기 위해 작업하고, 내담자와 치료사가 애초의 목표가 충족되었다고 판단한다면 치료를 종결한다.

분석은 심리치료와는 다른 방식으로 진행된다. 애초에 분석은 어떤 한 문제를 해결하기 위해 시작되지 않는다. 물론, 프로이트 역시 구체적인 하나의 증상을 해소하는 것에 초점을 맞췄던 시기가 있었다. 『히스테리 연구』의 카타리나 사례처럼 말이다. 이 사례에서 그는 카타리나가 호소했던 숨이 차는 증상을 한 세션 만에 분석했다.

하지만 이후 프로이트의 작업 스타일은 변화한다. 그의 작업은 특정한 주제를 중심으로 진행하기보다는 내담자의 무의식의 흐름을 따라가며 주체의 정신의 표면을 연구하고 분석하는 데 초점을 맞춘다. 바로 여기가 심리치료와 정신분석이 구분될 수 있는 하나의 지점이다. 심리치료는 말 그대로 치료를 목적으로 하지만, 정신분석은 치료를 목적으로 하지 않는다. 정신분석의 유일한 목표는 무의식을 연구하는 일이다. 정신분석은 무의식을 더듬어 탐사하는 것 자체가 목적이기 때문에 치료 자체는 분석의 목표가 될 수 없다. 치료적 효과는 무의식을 연구하는 과정에서 자연스럽게 나타나는 것일 뿐이다.

이것이 정신분석 과정에 대한 프로이트의 입장이었지만, 그 당시 많은 내담자와 분석가가 기대하는 것은 이것과는 달랐다. 그렇다면 정신분석을 통해 내담자와 분석가가 일반적으로 기대하는 것은 무엇이었을까?

이것은 어떤 완벽함에 도달하는 것, 이상에 도달하는 것이었다. 정신분석이 무의식을 연구하는 작업 자체를 의미한다는 사실로부

터 끝의 의미를 도출한다면 우리는 다음과 같은 결론에 도달한다. 정신분석은 무의식을 '전부' 의식화하는 순간에 종결된다. 다시 말해, 우리가 우리 자신에 대해서 모든 것을 속속들이 알게 되는 순간 정신분석은 종결될 것이라고 가정할 수 있다. 그리고 이러한 결과는 더 이상 정신분석적 의미의 증상의 존재를 가정하지 않는다. 심리적 갈등은 알려지지 않은 무의식적 지식에 의해 발생한다. 그러므로 자기 자신에 대해 모든 것을 알게 되면 증상은 완벽하게 사라지게 될 것이다. 분석의 끝에 도달하게 되면 내담자는 보다 이상적인 삶을 살 수 있게 될 것이고, 보다 완전한 인간의 모습을 보여줄 수 있을 것이라고 상상하는 것이 가능하다.

이는 정신분석가의 형상에 대해서도 의문을 갖게 한다. 모든 정신분석가는 다른 사람을 분석하기 이전에 자기 자신을 분석한다. 교육 분석이라고 알려진 이 분석은 일반적인 치료를 위한 분석에 비해 더욱 엄격하게 진행될 것을 요구하는 것처럼 보인다. 왜냐하면, 다른 사람을 분석하는 분석가는 자신의 콤플렉스를 완벽히 극복하고, 더 이상 어떤 심리적 문제도 호소하지 않는 성숙한 인간형을 보여주어야 할 것을 요구받기 때문이다. 따라서 정신분석가는 다른 일반적인 사람들, 즉 분석을 받지 못한 사람들이 보여주지 못하는 완벽함을 보여주기를 요구된다.

분석을 통해 내담자가 실현하고자 하는 것은 자아-이상이다. 이처럼 정신분석의 끝은 자아-이상의 문제와 연관되어 있다. 프로이

트가 정신분석의 끝을 다루는 그의 논문에서 이상과 정신분석의 끝의 관계를 다루는 것은 바로 이 때문이다. 「끝낼 수 있는 분석과 끝낼 수 없는 분석」은 프로이트가 정신분석의 끝을 명시적으로 다루는 논문이다. 여기서는 이 논문을 읽으며 정신분석의 끝에 대한 프로이트의 견해가 어떤지 살펴보고 논평할 것이다.

끝의 의미

■ 프로이트는 1937년에 출간된 『끝낼 수 있는 분석과 끝낼 수 없는 분석』에서 분석의 끝에 대해서 논의했다. 그는 먼저 분석의 끝이라는 단어를 중심으로 논의를 진행한다. 그는 다음과 같은 질문을 던진다. "분석의 자연스러운 끝이 있는가? 분석을 그런 끝으로 인도하는 것이 가능하기나 한 것인가?"[91]

이 질문의 방점은 '자연스러운'에 찍힌다. '자연스러운'이라는 단어가 의미하는 바는 무엇인가? '자연스러운'이라는 말은 분석이 반드시 도달해야 할 목표가 있다는 것을 가리킨다. 분석의 종결이 자연스러운 형태를 띠기 위해서는 먼저 분석의 목표가 시작될 때 정해져 있어야 한다. 그래야만 분석을 충분히 진행하여 그러한 목표에 도달하게 된다면 종결은 '자연스럽게 이루어졌다'라는 말을 할 수

---

91) 지그문트 프로이트. 이덕하 옮김. 「끝낼 수 있는 분석과 끝낼 수 없는 분석」〈끝낼 수 있는 분석과 끝낼 수 없는 분석〉 도서출판b. 2004. p.323

있다. 즉, 분석의 자연스러운 끝이 가능하다고 이야기한다면 이는 분석이 시작될 때 도달해야 할 목표지점을 이미 설정한다는 것을 의미한다.

프로이트가 정신분석가로 활동하던 당시 그의 제자들은 분석의 자연스러운 종결지점을 가정하고 있었다. 프로이트는 다음과 같이 말한다. "분석가들이 흔히 하는 말을 들어보면 그런 가정이 맞는 것 같다. 왜냐하면, 불완전하다고 알려진 사람의 자식에 대해 유감스럽다는 투로 또는 변명조로 다음과 같이 말하는 것을 자주 들을 수 있기 때문이다. '그의 분석은 마쳐지지 않았다.' 또는 '그는 끝까지 분석되지 않았다.'"[92] '분석이 마쳐지지 않았다'거나 '끝까지 진행되지 않았다'라는 말은 분석가나 분석을 받은 내담자가 자신들이 염두에 둔 이상적인 수준에 도달하지 못했을 때 사용되곤 한다.

그러나 이는 상당히 모호한 말이다. 왜냐하면, 분석을 통해 도달해야 할 목표가 무엇인지가 알려지지 않았기 때문이다. 이를테면, 정신분석의 자연스러운 목표가 성숙한 주체를 만드는 것이라고 해보자. 그렇다면 '성숙한'이라는 말이 갖는 뜻은 무엇일까? 이러한 의미론적 문제가 해결되지 않으면 분석의 목표에 대해 말하기 어렵다. 따라서 프로이트는 여기에서부터 논의를 다시 시작한다. 프로이트는 끝이 가리키는 말이 무엇인지 자신의 의견을 제시한다. 그는 끝이라는 단어가 가리키는 의미를 두 가지 관점에 근거해 대답한다.

---

92) 같은 책. pp.323~324.

하나는 현실적인 관점이며 나머지 하나는 이상적인 관점이다.

먼저 현실적인 관점에서 대답한다. "분석가와 환자가 분석 세션을 위해 더 이상 만나지 않는다면 분석이 끝난 것이다."[93] 이는 끝을 아주 간단하게 정의한 것이다. 이러한 종결이 일어나기 위해서는 몇 가지 조건들이 충족되어야 한다. 프로이트에 따르면 이 조건은 두 가지이다. 먼저 주체는 증상으로 인해 분석가를 방문하므로 본인이 증상으로 인해 더 이상 고통받지 않아야 한다. 두 번째로 주체가 분석을 시작하게 하였던 그 문제들이 반복될 가능성이 없다고 분석가가 판단할 수 있어야 한다. 끝에 대한 이러한 정의는 프로이트가 두 번째로 제시하는 것과 비교해보았을 때 그 소박함이 드러난다.

이어서 프로이트는 분석의 끝이 내포하는 두 번째 의미를 제시한다. 이러한 두 번째 의미는 '분석을 계속하더라도 이젠 변화를 기대할 수 없을 정도로 환자에게 깊은 영향을 끼쳤는지 여부'[94]를 확인하는 것과 관련이 있다. 여기서 핵심은 '더 이상 변화가 일어나지 않는 수준'까지 분석을 진행한다는 것이다. 이는 분석의 완벽함을 지적하는 말이다. 어떤 변화도 일어나지 않으려면 분석은 완벽하게 진행되어야 한다. 더 이상 병리적인 것이 남지 않는 순간까지 말이다. 따라서 분석은 완벽하게 진행되고 모든 억압이 제거되며 내담자는 '절대적인 정상성의 수준'[95]에 도달한다. 두 번째 끝이 갖는 의미는

---

93) 같은 책. p.324.

94) 같은 책. 같은 쪽.

95) 같은 책. 같은 쪽.

바로 이것이다.

프로이트가 제시한 두 가지 끝의 의미에는 차이점이 존재한다. 이 둘의 차이는 다음과 같다. 첫 번째 끝은 분석을 시작하게 하였던 개별적 증상들을 해소하는 것에 한정된다. 반대로 두 번째 끝은 한정된 증상들이 아니라 또 다른 증상을 유발할 수 있는 억압을 모두 해소하는 것이다. 따라서 여기서 자아 이상의 문제가 개입한다. 두 번째 의미의 끝은 첫 번째 것보다 이상적이기 때문이다.

불가능한 이상적인 분석

■ 사실 분석가나 내담자 모두 분석을 통해 기대하는 바는 이 두 번째 목표일 것이다. 분석을 통해 모든 증상을 제거해서 고통에서 벗어나기를 원하는 것은 이상한 일이 아니다. 달리 표현하자면, 내담자는 자신의 자아 이상을 분석을 통해 실현하고자 한다. 하지만 분석은 그 이상적인 목표에 도달하는 것이 과연 가능한 일일까? 이 목표에 대해서 프로이트는 어떤 태도를 보였을까?

흥미롭게도 프로이트는 분석의 이상적인 목표에 대해서는 다소 회의적인 입장을 보였다. 완벽한 분석은 불가능하다는 것이다. 그러나 중요한 것은 프로이트가 분석의 이상적인 종결이 불가능하다고 말했다는 사실 자체가 아니라, 그러한 결론을 끌어낸 근거다. 그렇다면 그는 왜 완벽한 분석, 이상적인 분석을 불가능하다고 보았을까?

분석을 불완전하게 만드는 것은 바로 신경증을 일으킨 원인에 있

다. 신경증적 갈등은 성 충동과 자아 사이의 내적인 갈등 때문에 발생한다. 성 충동이라는 원인은 분석을 불완전하게 만드는 요소이다. 반대로, 신경증이 충동이 아니라 다른 원인에 의해 발생한다면 분석은 만족스럽게 종료될 수 있다. 때문에 '만족스러운 종결'이 이루어지기 위해서는 '환자의 자아가 현저하게 변형되지 않았고 장애의 병인이 본질적으로 외상적'[96]이어야 한다. 여기서 우리가 주목해야 할 단어는 외상이다.

프로이트에 따르면 모든 신경증적 갈등을 일으키는 원인에는 기질적인 것과 외상적인 것이 섞여 있다. 신경증적 갈등은 "너무 강해서 자아의 제어에 반항하는 충동[97]과 관련되어 있거나 자아가 미성숙해서 통제할 수 없는 조기의, 즉 너무 이른 시기의 외상의 작용과 관련되어 있는 것이다."[98] 기질적인 것은 충동과 관련이 있다. 자아는 불쾌한 충동과 갈등을 일으키므로 그것은 내부의 문제이다. 두 번째로 외상은 외부로부터 오는 사건과 관련이 있다. 충동과의 갈등으로 인해 신경증에 걸릴 수 있지만, 외부의 사건이 일으킨 충격 때문에도 신경증에 빠질 수 있다.

이때 그는 만족스럽게 분석이 종료되는 경우를 가리켜 외상적 요인이 강한 경우에 한정한다. "외상적 요인이 현저한 경우에만 분석

---

96) 같은 책. 같은 쪽.
97) 이덕하의 번역본에서는 trieb를 욕동이라고 번역했으나, 나는 욕동보다는 충동이라는 단어를 선호하는 편인데, 충동이라는 단어에 주체를 몰아간다는 느낌이 더욱 강하게 나기 때문이다. 용어의 통일을 위해 욕동을 충동으로 다시 옮겨놓는다.
98) 같은 책. p.325.

이 탁월하게 할 수 있는 것, 즉 자아를 강화함으로써 이전의 불충분한 결정을 올바른 해결로 대체하는 것이 이루어질 수 있다."[99] 외상적 요인으로 인해 발생한 갈등은 완벽하게 제거할 수 있다는 것이다.

반대로, 충동으로 인해 발생한 갈등은 완전히 제거할 수 없다. 충동으로 인해 발생한 갈등을 완벽히 해결할 수 없는 이유는 먼저 첫 번째로 이는 내적인 요인, 즉 충동을 피해 달아나는 일은 불가능하기 때문이다. 충동을 완전히 제거하는 일은 불가능하며, 만족을 추구하는 충동의 자극으로부터 완전히 달아나는 일 또한 불가능하다. 외부에서 일어나는 일은 충분히 통제가 가능하다. 좀 더 정확히 말해 그것을 피하는 일이 가능하다. 과거에 물에 빠져서 물을 두려워하게 되었다면 물 근처에 가지 않으면 될 일이다. 하지만 내인적 요인, 즉 충동의 경우는 이와 다르다. 자아가 충동의 요구를 피해 달아나는 일은 불가능하다. 자아는 좋건 싫건 주기적으로 그것과 대면해야 한다. 이것이 신경증 증상이 일어나는 근본적인 이유이다. 충동은 만족을 요구하고 자아는 충동의 요구를 만족시키는 것을 거부하는데, 중요한 것은 이러한 갈등을 외면하는 것이 불가능하다는 사실이다.

두 번째 이유가 더욱 중요한데, 이는 충동과 자아의 강도가 수시로 변화하기 때문이다. 신경증 증상은 대체로 충동과 자아 사이의

---

99) 같은 책. p.326.

힘 싸움의 결과로 발생한다. 충동보다 자아의 힘이 강력하다면 자아는 별 어려움 없이 충동을 억압할 수 있다. 반대로, 충동이 강해진다면 자아는 충동을 억압하지 못하고 충동에 떠밀려가고 만다. 충동은 쉽게 억압되는 것이 아니라 어떤 방식으로든 만족을 추구하게 된다. 억압하는 자아의 힘보다 충동의 힘이 강해지면 그것은 어떤 방식으로든 의식으로 비집고 올라오거나 행위로 만족을 추구하려 한다. 이 때 자아는 자신의 힘을 다해 충동을 억압하려 하지만 억압은 실패한다. 이러한 갈등의 결과로 신경증 증상으로 나타난다. 그런데 충동과 자아의 힘은 때때로 약해지거나 강해진다. 혹은 충동이 강해질 수도 있고, 약해질 수도 있다. 충동과 자아 간의 세력 다툼의 양상이 변화할 수 있다는 이야기이다. 자아의 힘이 강해지거나 충동의 힘이 약해지면 신경증은 사라질 것이고, 또 반대로 자아의 힘이 약해지거나 충동의 힘이 강해지면 신경증은 다시 나타난다.

따라서 신경증 치료는 대체로 자아를 충분히 강화하는 방식으로 진행될 수 있다. 충동의 요구를 충분히 견딜 수 있도록 말이다. 하지만 이는 완벽한 해결책이 될 수 없다. 위에서 말한 것처럼 자아가 항상 충동보다 강할 수 있는 것이 아니기 때문이다. 먼저 사춘기처럼 성 충동이 강해지는 시기가 올 수도 있으며, 스트레스로 인해 자아가 일시적으로 약해질 수도 있다. 요점은 충동이 자아보다 강해진다면 신경증은 다시 발생할 수 있다는 사실이다. 그래서 프로이트는 "충동의 기질적 강렬함, 그리고 방어전에서 자아가 안 좋

게 변형되는 것은 분석의 효과를 방해하고, 분석 기간이 무한정 늘어나게 하는 요인이 된다."[100]고 주장한다. 충동이 강렬하다면 증상은 제거되지 않는다. 그리고 자아가 충동의 요구를 방어할 만큼 강하지 않다면 역시 증상은 제거되지 않을 것이며, 결국에 분석은 종결될 수 없다. 신경증이 충동으로 인해 발생하는 경우 분석은 '무한정' 늘어나게 된다.

그러면서 그는 분석이 불완전하게 진행된 두 개의 사례를 제시한다. 이 두 사례는 모두 해소되지 않은 충동과 관련이 있다. 첫 번째는 '부정적 전이'가 제대로 다뤄지지 않은 사례이다. 이 불충분한 분석의 당사자는 분석을 통해 충분한 효과를 보았고, 자신의 분석가와 좋은 관계를 맺었다. 즉, 이 당사자는 분석가에게 긍정적인 전이를 형성하고 있었다. 하지만 시간이 지나면서 그의 태도가 변화했다. 그는 자신의 분석가가 자신을 온전하게 분석하지 않았다고 지적하며 적대적인 태도를 취하게 되었다. 그는 자신의 분석가가 부정적인 전이, 즉 분석가를 향한 적대적인 충동을 제대로 다루지 못했다고 말했다. 프로이트는 그러한 부정적인 전이를 분석하지 못한 이유가 있다고 말한다. 분석을 진행할 당시 주체의 부정적인 전이가 분석가와의 관계 속에서 활성화되지 않았었다. 이는 분석에서 다룰 수 있는 갈등이 한정되어 있다는 것을 가리킨다. 분석은 분석가와의 관계 속에서 현행화된 갈등만을 다룰 수 있기 때문에 잠재되어

---

100) 같은 책. p.326.

있는 갈등을 다룰 수는 없다는 것이다. 이 사례의 경우 분석이 진행될 당시 부정적 전이가 활성화되어있지 않았다. 그러나 시간이 지나고 아무런 문제없이 억압되어있던 적대적인 충동은 활성화되었고 그로 인해 다시금 문제가 생긴 것이다.

나머지 하나는 히스테리 증상으로 인해 분석을 받은 이후 외상적 사건의 발생으로 인해 신경증이 재발한 경우이다. 이 사례는 프로이트가 분석을 시작한 지 얼마 되지 않았을 때 진행한 이 사례인데, 이 여성은 히스테리 증상으로 인해 프로이트에게 분석을 받았었다. 이 분석은 성공적으로 종결되었는데 분석이 성공적으로 종결된 후 10여 년의 세월이 흐른 뒤 상황이 변했다. 여성은 건강상의 문제로 수술을 받았는데, 이로 인해 신경증이 재발하고 말았다. 이때 그녀는 자신을 수술한 의사에게 사랑에 빠지게 되었으며, 자신의 신체가 변형되고 있다는 끔찍한 환상에 시달렸다. 이로 인해 그녀는 다시 분석을 시도해 보았지만, 차도가 없었다고 말한다. 즉, 시간이 지난 후 여성 환자의 성 충동이 다시금 나타났으며, 그와 더불어 건강 염려증적 환상이 나타난 것이다.[101] 두 사례 이전에는 문제가 되지 않았던 충동이 시간이 흐른 뒤 자신의 모습을 드러낸 사례이다.

앞의 두 사례와 프로이트의 논의는 다음과 같은 사실을 증언한다. 정신분석에서 내담자, 특히 신경증자가 증상으로 여기는 것은 충동

---

101) 같은 책. pp.327~329.

그 자체이다. 증상이 자아와 충동의 갈등으로 일어난다는 사실이 이를 증명한다. 따라서 내담자의 자아가 설정하는 이상, 즉 자아 이상이란 더 이상 어떤 도착적인 충동도 존재하지 않는 자아를 가리킨다. 내담자의 자아는 분석을 통해 병리적인 것을 제거하기를 원하며, 이는 곧 충동을 제거하는 것을 가리킨다. 하지만 프로이트는 내담자의 소망을 실현하는 것이 사실상 불가능하다고 말하고 있다.

자아와 충동의 갈등

■ 이는 정신분석이라는 기법 자체에 의문을 갖게 한다. 그렇다면 애초에 정신분석은 불완전한 치료 방법 아닌가? 사실 프로이트가 제시한 사례는 신경증 치료로서의 정신분석에 대한 회의적인 의견과 낙관적인 의견 사이의 대립을 불러일으키기에 충분하다.

먼저 회의론자들은 분석이 신경증 환자들을 제대로 치료할 수 없다는 것을 증명하기 위해 이 사례들을 이용할 수 있다. 이 사례를 이용하여 분석이 신경증의 재발을 막을 수 없으며 완벽히 치료하는 것 역시 불가능하다고 주장하는 것이 가능하다. 분석은 충동을 완전히 제거하는 것도 불가능하며 그것을 완전히 길들이는 것도 불가능하다. 분석은 한계를 가진 치료법이라고 주장할 수 있다.

반대로 낙관론자들은 이러한 문제들이 매우 오래전에 진행된 분석 사례이기 때문에 발생한 것이라고 말하며 정신분석을 옹호할 수

있다. 현재의 기법은 프로이트가 당시 치료를 진행하던 시절보다 발전했기 때문에 이러한 문제들을 해결할 수 있다는 것이다.[102] 이러한 견해는 오늘날에도 쉽게 발견할 수 있다. 이미 100여 년도 더 된 프로이트의 이론에는 많은 한계점이 있지만, 오늘날의 현대정신분석은 이를 극복했다고 말이다.

우리는 프로이트가 비관론자들의 의견을 비판할 것이라 예상할 수 있지만 흥미롭게도 그는 회의론자의 의견이 아니라 정신분석 옹호론자들의 주장을 분석한다. 그 이유는 낙관론자들의 전제가 다소 의심스럽기 때문이다. 낙관론자들의 주장에는 몇 가지 전제들이 있다. 프로이트가 제시하는 낙관론자들의 전제들은 다음과 같다.

첫째, 그들은 충동 갈등(좀 더 정확히 말하자면 자아와 충동 간의 갈등)을 최종적으로 영구히 해결하는 것이 일반적으로 가능하다고 전제한다. 둘째, 그들은 어떤 사람의 하나의 충동갈등을 다루면서 다른 모든 그러한 갈등의 가능성에 대비해 소위 예방접종하는 데 성공할 수 있다고 전제한다. 셋째, 그들은 우리가 당시에는 어떤 징후도 보이지 않는 병인이 되는 그러한 갈등을 예방적 치료의 목적을 위해 일깨울 능력이 있으며, 그렇게 하는 것이 현명하다고 전제한다.

과거의 기법에는 한계가 있었지만, 오늘날의 기법은 그것을 극복

102) 같은 책. pp.329~330.

했다는 주장은 완전한 치료의 가능성을 전제한다. 그런데 신경증이 완전히 제거되려면 충동과 자아 사이의 갈등을 영원히 해결할 수 있어야 한다. 낙관론자들은 심리적 갈등을 영원히 제거할 수 있다고 상정하는 것이다. 프로이트는 이러한 전제들에 대해 의문을 제기한다. "충동과 자아 사이의 갈등 또는 자아에 대한 충동의 병인적 요구를 분석치료를 통해서 영구적이며 최종적으로 해결하는 것이 가능할까?"[103]

심리적 갈등을 제거한다는 것은 무슨 말일까? 신경증의 재발을 막기 위해서는 자아의 권한을 넘어서려 하는 충동을 '완전하게' 제압하거나 제거할 수 있어야 한다. 쉽게 예상할 수 있듯이 충동을 완전하게 제거하는 것은 불가능한 일이다. 분석을 통해 충동의 요구를 완전히 해소하는 것은 불가능하다는 것이다. "그것은 일반적으로 가능하지도 않을뿐더러 전혀 바람직하지도 않다."[104] 따라서 심리적 갈등을 제거한다는 것은 충동을 흔적도 찾아볼 수 없도록 제거하는 것이 아니라, 자아가 충분히 그것을 통제할 수 있도록 강화하는 것이다. 즉, 충동을 완전히 사라지게 하는 것이 아니라 그것이 존재하는 상태에서 균형을 이룰 수 있다는 것이다. 분석 이전에 충동은 자아의 방어에도 불구하고 자신의 요구를 멈추지 않았다. 그리고 자아는 그러한 요구들을 충족시키지 않기 위해서 전투

---

103) 같은 책. p.332.
104) 같은 책. 같은 쪽.

를 치렀다. 이 전투의 결과가 바로 신경증이다. 반면에, 분석을 통해서 충동이 "더 이상 만족을 위해 자기 자신만의 길을 가지 않는 상태로로 만들 수 있다."[105] 다시 말해, 충동이 자아의 통제를 벗어나서 무조건적으로 만족을 추구하지 않는 상태로 만들 수 있다는 것이다.

이제 문제는 자아와 충동 사이의 균형의 완벽성에 있다. 충동과 자아 사이의 균형을 완벽하게 이루는 것이 가능한가? 충동을 약화시키고 동시에 자아를 강화하는 것을 통해 주체가 심리적 갈등을 영원히 겪지 않도록 만들 수 있는가? 앞서 살펴보았듯이 프로이트는 이에 대해서도 회의적인 태도를 취한다. 충동과 자아의 강도가 변화하는 일은 너무나 쉽게 일어나기 때문이다. 신경증을 겪지 않는 정상인들에게서도 특정한 요인들로 인해 자아의 강도가 약해져서 심리적 경제를 교란되는 경우들이 발생한다. "만약 자아가 병이나 쇠약 등 때문에 약해진다면 지금까지는 성공적으로 제어되던 모든 충동이 다시 자신의 요구를 내세우며 비정상적 방식으로 대체만족을 얻으려고 할 수 있다."[106] 프로이트는 이러한 자명한 증거로 꿈을 든다. "꿈은 자아가 일시적으로 정지되는 것에 충동의 요구가 깨어나는 것으로 반응한다."[107] 잠이 들면 충동의 움직임을 제약하는 자아의 강도가 일시적으로 약화하고 충동들이 활발하게 활동하게

---

105) 같은 책. 같은 쪽.
106) 같은 책. p.334.
107) 같은 책. 같은 쪽.

되는데, 이는 꿈이라는 결과물을 만들어낸다. 이는 자아와 충동 사이의 힘의 균형이 유지되는 방식에 따라 언제든 증상이 다시 나타날 수 있다는 것을 의미한다.

그리고 두 번째 예로 드는 것은 충동의 강도가 강렬해지는 것이다. 프로이트는 사춘기나 폐경기처럼 일시적으로 리비도가 강화되는 순간에 신경증이 유발될 수 있다고 본다. "충동의 강도가 약했을 때는 그것을 제어하는 데 성공했지만, 이제 충동이 강화되자 제어에 실패하게 되는 것이다."[108] 이 모든 경우에 신경증적 갈등은 다시 나타날 수 있다.

이러한 관찰은 모두 분석을 통해 갈등을 완벽히 해소하는 것이 불가능하다고 말한다. 정신분석적인 의미에서 증상을 유발하는 것은 충동이다. 그런데 충동을 완전히 제거하는 것은 불가능하다. 대신 자아는 충동과 균형을 이룰 수 있지만 이마저도 불안정하다. 갈등은 언제든지 다시 발생할 수 있다.

정신분석가로서 프로이트는 왜 이렇게 비관적인 주장을 하는 것일까? 그는 분석의 무용론, 신경증적 갈등이 발생할 때 분석을 받을 필요가 없다고 주장하는 것을 뒷받침하기 위해 위와 같은 논의를 펼치는 것일까? 다시 말해, 분석 이전과 분석 이후에 아무런 차이도 존재하지 않으며, 신경증자와 정상인 사이에 어떤 차이도 존재하지 않는다는 것을 의미하는가?

---

108) 같은 책. p.335.

위와 같은 비관적인 논의가 가능한 이유는 프로이트가 정신분석의 끝을 자아 이상이라는 관점에서 접근하고 있기 때문이다. 분석가들과 내담자들이 요구하는 것이 자아 이상의 실현이라는 점에서, 프로이트는 모든 갈등을 제거하는 것으로서의 '이상적인 치료'를 불가능한 목표로 보고 있다는 것을 의미하다. 즉, 이상적인 의미의 끝에 도달하는 것은 불가능하다는 것이다.

　프로이트의 주장은 만약 모든 갈등을 해소한 이상적 상태에 도달하는 것을 목표로 삼는다면 분석은 끝이 없는 작업이 될 수밖에 없다는 것이다. 그리고 그 끝을 불가능하게 만드는 요소는 분석 기법이 갖는 불완전함 때문이 아니다. 오히려 이는 구조적인 문제이다. 신경증을 일으키는 원인은 주체에게 내재해있는 충동이다. 충동을 완전히 제거하는 것도 불가능하며 그것과 영원히 조화를 이룰 수 있는 것도 아니므로 갈등을 존재하지 않는 상태로 만드는 것은 불가능하다.

　다시 말해, 프로이트는 인간의 삶에서 갈등을 완전히 제거하는 일은 불가능하다고 보고 있는 것이다. 분석은 내담자를 모든 고통으로부터 완벽하게 해방시켜 줄 수 있는 마술이 아니다. 내담자가 분석을 통해 기대하는 것은 더 이상 어떤 내적 갈등도 없는 완벽한 삶인 경우가 많지만 말이다. 그러나 이런 기대와는 달리 갈등 없는 삶은 존재하지 않는다. 자아와 이드 사이의 투쟁, 이 투쟁은 끝나지 않는 과정이기 때문이다. 프로이트는 일찍이 『히스테리 연구』

에서 갈등이 필연적으로 존재할 수밖에 없다는 사실을 이미 지적한 바 있다. 분석치료가 행할 수 있는 것은 완벽한 만족을 가져다주는 것이 아니다. 정신분석은 "히스테리로 인한 비참함을 보통의 일상적인 불행 정도로 바꾸는 것이다."[109] 정신분석이 할 수 있는 것은 그것이 전부이다. 그렇지만 그것만으로도 정신분석은 많은 것을 한 것이다.

---

109) 지그문트 프로이트. 김미리혜 옮김. 〈히스테리 연구〉 열린책들. 2011. p.394.

기법을 보완하기

■ 그렇다면 완벽하지 못한 분석을 완벽하게 만들 수 있는 방법은 없을까? 프로이트는 이러한 문제를 검토하기 시작한다. 그는 불완전한 분석을 완전하게 만들기 위해서는 두 가지 방법이 존재한다고 말한다. 하나는 갈등을 분석가와의 관계 속에서 활성화시키는 것이며 나머지 하나는 다가올 수 있는 갈등에 대해 분석가가 미리 이야기해주는 것이다.

정신분석에 있어 분석가와 내담자 사이에서 갈등을 활성화시키는 문제는 매우 중요하다. "만약 충동갈등이 실제로 벌어지지 않는다면 즉 표현되지 않는다면 분석으로도 그것에 영향을 미칠 수 없기 때문이다."[110] 따라서 분석을 진행하기 위해서는 내담자와 분석가 사이에 갈등이 직접적으로 나타나야 한다. 우리가 앞의 장에서

---

110) 지그문트 프로이트. 이덕하 옮김.「끝낼 수 있는 분석과 끝낼 수 없는 분석」〈끝낼 수 있는 분석과 끝낼 수 없는 분석〉 도서출판 b. 2004. p.343.

확인했듯 분석은 분석가가 "거절과 리비도 정체를 통해 환자를 어느 정도 실제로 고통에 빠뜨림으로써 이루어진다."[111] 분석가가 환자의 리비도적 요구를 들어주지 않음으로써 내담자의 콤플렉스는 분석 전면에 드러나게 된다. 즉 분석가를 향한 전이가 발생하게 된다.

그런데 이때 나타나는 갈등은 완전히 새로운 갈등이 아니라 "이미 활성화된 갈등이다."[112] 신경증자는 이미 일상생활에서 좌절로 인해 고통받고 있었기 때문에 분석에 참여하며 그러한 좌절에 대처하는 방법인 증상을 갖고 있다. 분석의 기법에 의해 활성화되는 갈등은 이미 일상생활에서 신경증자를 괴롭게 만들었던 증상이다. 즉, 분석은 갈등을 새롭게 만들어내는 것이 아니라, 이미 존재하던 갈등을 분석 장면으로 옮겨오는 것으로 시작된다. 이것이 분석이 부분적인 개입이 될 수밖에 없는 이유이다. 분석은 이미 활성화된 갈등에만 개입할 수 있다.

문제가 이렇다면 분석을 완벽하게 만들기 위해서는 어떻게 해야 하는가? 신경증자의 '일상'에서 아직 활성화되지 않은 갈등들을 활성화시켜야 할 것이다. 그러면 이러한 갈등들은 전이를 통해 나타나게 될 것이며, 분석가는 그것을 작업할 기회를 얻게 된다. 그런데 이러한 개입이 과연 적절한 것일까? 프로이트는 이에 대해 그렇지 않다고 대답한다. 어떤 갈등들이 활성화되지 않았다는 것은 이미

---

111) 같은 책. p.344.
112) 같은 책. 같은 쪽.

신경증자의 삶이 그러한 갈등에 대해 잘 대처할 수 있는 방식으로 형성되어있었다는 것, 즉 균형이 잡혀 있다는 것, 나름대로 만족을 얻고 있다는 것을 의미한다. 따라서 분석이 예방적 목적을 위해 갈등을 불러일으키려면 신경증자가 잘 대처하고 있는 상황을 인위적으로 변화시켜야만 한다. 즉, 그의 삶에 새로운 곤경을 일으키는 변화들을 야기해야 한다. 이를테면, 잘 유지되고 있는 관계를 파탄 내거나 생계의 위협이 생길 정도로 위험에 몰아붙여야 할 것이다. 하지만 이러한 개입은 윤리적이고 실천적인 문제를 일으킨다. 프로이트는 다음과 같이 묻는다. "예방적 목적을 위해 만족스러운 결혼을 파괴하거나 피분석자의 생계가 달려 있는 일자리를 포기하게 하려면 우리가 그에 대해 책임을 질 수 있는가?"[113]

프로이트는 이러한 방법이 무모하다고 지적하며 다른 두 가지 방식이 있을 수 있다고 말한다. 하나는 실제 삶에서 새로운 문제를 일으키는 것이 아니라 전이 속에서 새로운 갈등을 불러일으키는 것이다. 나머지 하나는 위에서 언급한 것처럼 가능한 갈등들에 대해 이야기하는 것이다.

전이 속에서 새로운 갈등을 불러일으키는 방법은 분석이 이미 치료를 위해 채택하고 있는 기법인 만큼 쉽게 수용할 수 있는 것처럼 보인다. 그뿐만 아니라 그 새로운 갈등은 분석 상황, 즉 분석가와의 관계 속에서 재현되는 것이니만큼 보다 안전하게 다룰 수 있다는

---

113) 같은 책. p.345.

점은 확실하다. 그러나 프로이트는 이에 대해서도 반대한다. 여기에는 두 가지 문제가 있다고 지적한다. 먼저 첫 번째는 전이 속에서 모든 갈등이 자연스럽게 활성화하는 것이 불가능하다는 데 있다. "피분석자 스스로가 그의 모든 갈등을 전이에 쏟아부을 수 있는 것이 아니며, 마찬가지로 분석가가 전이 상황에서 환자에게서 가능한 욕동 갈등을 모두 불러일으킬 수 있는 것도 아니다."[114] 전이 속에서 활성화되는 갈등은 한정되어 있다는 것이다.

이를테면 다음과 같다. 내담자는 대인 관계 속에서 수많은 문제를 겪을 것이다. 정신분석은 전이를 통해 그 문제를 내담자와 분석가 사이의 실제적인 갈등으로 불러일으킨다. 그러나 전이로 인해 활성화되는 갈등은 그가 겪었던 모든 갈등이 아니라 어떤 하나의 갈등이다. 그렇다고 해서 이 하나의 갈등이 중요한 의미가 없는 것은 아니다. 전이라는 말이 어떤 것을 옮겨온다는 의미에서, 내담자는 과거의 겪었던 갈등을 현재 갈등으로 옮겨온다. 즉 전이를 통해 활성화되는 갈등은 그가 과거에도 겪었고 지금도 겪고 있는 문제, 또 분석적 개입이 없다면 미래에도 겪게 될 문제이다. 다시 말해, 그의 삶 속에서 매번 반복되었던 문제이다. 이런 의미에서 분석은 모든 문제를 다루는 것이 아니라 그의 주체성에 내재한 구조적인 문제만을 다룬다.

이러한 문제점을 해결하기 위해서 분석가는 갈등을 일으키기 위

---

114) 같은 책. p.346.

해 새로운 개입을 해야 하는데, 이것이 두 번째 이유와 연관된다. 두 번째 이유는 분석가가 새로운 갈등을 유발하기 위해 취하는 개입이 치료 자체를 중단시킬 수 있다는 데 있다. 즉, 여기서 프로이트는 분석 세션의 구조로 인해 불러 일으켜지는 갈등들을 다루는 것이 아니라, 인위적으로 새로운 갈등들을 불러일으키는 것에 대해 회의적인 태도를 보이고 있는 것이다. 프로이트가 지적했듯이 애초에 분석 세션의 내부에는 갈등이 존재한다. 분석가는 내담자에게 만족을 주지 않고, 내담자는 그 결핍으로 인해 전이신경증을 일으킨다. 분석가와 내담자는 그렇게 현재 관계 속에서 활성화된 신경증에 대해 작업한다. 그러나 분석이 새로운 갈등을 일으키기 위해서는 분석가가 분석적 태도가 아닌 어떤 다른 태도를 취해야 한다. 이를테면, 중립성을 유지하고 내담자의 요구를 거절하는 데 그치는 것이 아니라 좀 더 다른 방식으로 개입해야 하는 것이다.

그러나 프로이트는 이러한 기법을 채택하지 않는다. 새로운 갈등을 유발하기 위해서 분석가가 개입하는 것은 "피분석자를 비우호적으로 대하는 것을 불가피하게 만들어서 분석가에 대한 애정 어린 태도, 즉 긍정적 전이에 손상을 입히기 때문이다."[115] 긍정적 전이는 신경증자가 치료에 참여할 수 있도록 하는 가장 큰 동력이다. 따라서 긍정적 전이에 손상이 가면 환자가 치료를 중단할 가능성이 커진다.

---

115) 같은 책. p.347.

따라서 남는 방법은 분석가가 환자에게 앞으로 겪을 수 있는 가능한 갈등들에 대해 '말해주는 것'이다. 하지만 이 역시 불가능한 기법이다. 분석가의 조언이 환자의 지식을 증대 시킬 수는 있지만, 그것이 그의 삶에 실제로 변화를 불러일으키는 것은 불가능하기 때문이다. 의식적 앎과 무의식적 앎의 분리로 인해 순수하게 지적으로 내담자를 교육하는 일은 불가능하다.

물론, 지식이 효과를 미칠 수 있는 경우도 존재하기는 한다. 그러나 이는 지식이 적용되어 문제를 해결할 수 있는 갈등이 이미 활성화되어 있어야 한다. 다시 말해 주체가 현재 경험하고 있는 문제들에 한정해서 지식이 효과를 발휘할 수 있다. 이를테면, 심리학이나 정신분석에 관한 책을 읽을 때 우리는 우리가 그 당시 겪고 있는 문제와 직접 관련이 있는 주제에 대해서만 영향을 받는다. 이 때문에 주체가 아직 경험하고 있지 않은 갈등들에 대해 조언해주는 것은 어떤 효과도 불러일으키지 못한다. 환자는 분석가의 말을 듣고 그것을 이성적으로 이해할 수는 있을지는 몰라도 그것이 어떤 실제적인 변화도 일으키지 않는다. "환자가 우리가 전하는 소식을 잘 듣긴 하지만 다만 반향이 없다."[116]

---

116) 같은 책. 같은 쪽.

분석작업의 단절

■ 지금까지 프로이트는 분석이 불완전해지는 이유를 기법이라는 측면에서 살펴보았다. 이어서 프로이트는 분석을 불완전하게 만드는 또 다른 요인이 있다고 지적한다. 이는 그가 '자아의 변형'이라 부르는 것이다. 그가 자아의 변형이라고 말할 때 염두에 두는 것은 "분석 작업에 대한 흔들리지 않는 충성을 보장해주는 가상적인 정상–자아로부터의 일탈이다."[117] 다시 말해 분석을 진행하다 보면 분석 작업을 불가능하게 만드는 자아의 변화가 나타난다는 것이다.

이는 무엇을 의미하는가? 앞서 살펴보았듯 무의식을 의식화하기 위해서는 자아가 자신의 저항을 극복할 수 있어야 한다. 저항을 극복하고 연상을 이어나갈 수 있어야 하며 이를 통해 억압된 것은 의식화되고 자아에 통합된다. 따라서 분석가는 자아의 저항을 극복

---

117) 같은 책. p.357.

하는 데 초점을 맞추게 된다. 주체는 분석가의 해석을 통해 저항을 극복하고 연상을 이어나감으로써 억압된 것을 의식화할 수 있는 길을 마련할 수 있다. 그런데 이때 분석가를 향한 전이적 믿음이 중요하다. 내담자의 관점에서 억압된 것은 의식되지 않는 것들, 즉 포착되지 않는 것들이다. 따라서 내담자는 증상들에 의미가 있는지 없는지 알 수 없다. 이 불신을 극복하게 하는 것이 분석가에 대한 믿음이다. 분석가를 향한 신뢰는 분석가가 가리키는 곳에서 내담자가 무엇인가를 발견하도록 할 수 있다. 분석가를 향한 자아의 신뢰야말로 '분석 작업에 대한 흔들리지 않는 충성'을 보장해준다.

그런데 분석이 진행되다 보면 자아는 이러한 상태에서 벗어나는 것이다. 자아는 억압된 것을 드러내려 하지 않는다. 중요한 것은 이것이 자아의 대표적인 방어기제라는 데 있다. 억압이라고 알려진 방어 메커니즘 말이다. 자아가 억압하는 이유는 억압된 것을 상기하는 것, 혹은 그것을 말로 표현하는 일이 외부세계와 갈등을 유발하리라는 것을 알고 있기 때문이다. 이때 자아는 외부세계와의 갈등을 피하고자 내적인 자극을 억누르는 방식으로 대처하는데, 이것이 바로 억압이다.

방어기제에는 긍정적인 기능과 부정적인 기능이 있다. 먼저 방어기제는 자아가 위험에 처하는 것을 방지하는 기능을 한다. 방어기제가 없다면 자아는 충동의 요구를 무조건적으로 만족시키려 할 것이고, 이는 분명 위험을 불러일으킬 것이다. 이를테면, 성적 욕구를

언제나 만족시킬 수 있는 것은 아니며, 그러한 시도는 개인의 안위에 매우 위험한 일이다. 하지만 방어기제는 동시에 신경증을 일으키는 원인이 되기도 한다. 자아가 억압을 유지하기 위해 너무 많은 정신적 노력을 들일 때 자아는 그 부하를 견디지 못한다. 충동을 억압하는 데 너무 많은 힘을 들이게 되면 자아는 다른 활동을 하기 위해 에너지를 투자할 수 없다는 것이다. 충동을 억압하느라 타인과의 관계나 직업활동 등 일상생활을 포기해야 하는 상황에 처할 수도 있다.

방어기제에는 또 다른 역설이 있다. 이 역설은 치료에도 큰 영향을 미친다. 방어기제의 기능은 사실상 자아가 외부위험에 노출되지 않도록 만들기 위한 것이다. 그런데 중요한 것은 방어기제는 억압된 것을 드러내려는 분석가의 노력 마저 외부위험처럼 다룬다는 데 있다. 자아의 입장을 이해하기 어려운 것은 아니다. 자아는 억압된 것을 입에 올리는 일조차 불쾌하게 생각하는데, 그것을 억지로 캐내려는 분석가를 위험한 인물로 여기는 것은 당연한 일이기도 하다. 그렇기 때문에 자아는 치료에도 저항하기 시작한다.

방어기제는 항상 작동하는 것이다. 따라서 분석 실천은 방어를 무력하기 위해 내담자와 분석가 사이에 긍정적인 관계를 형성한다. 긍정적인 전이를 통해 내담자는 분석가의 개입을 수용하며 연상을 이어갈 수 있다. 반대로 긍정적인 전이에 손상이 가게 된다면 어떻게 될까? 주체는 분석가의 해석을 받아들이지 않게 된다. 더 이상

억압된 것들을 떠오르도록 만들지 않으며 결국 더 이상 치료는 진행될 수 없다. 내담자는 "분석의 기본규칙을 지키지 않으며 억압된 것의 파생물을 더 이상 떠오르지 못하게한다."[118] 즉, 내담자는 더 이상 무의식의 연쇄를 받아들이지 않는다. 내담자는 새로운 연상들이 떠오르지 못하도록 만든다. 프로이트는 이를 "저항을 드러내는 것에 대한 저항"[119]이라고 불렀다. 자아가 저항 해석에 저항하기 시작하면, 당연히 분석은 정체될 수밖에 없다. "이제 환자에게 분석가는 곤혹스러운 것을 요구하는 낯선 사람"[120]이 된다.

우리는 여기서 분석가가 곤혹스러운 것을 요구하는 낯선 사람이 된다는 말에 주목해야 한다. 긍정적인 전이가 형성되어 있을 때 분석가는 신뢰할만한 사람이다. 다른 사람은 모르지만 적어도 내담자가 보았을 때 믿음직스러운 사람이다. 그러나 분석가가 낯선 사람이 된다는 것은 분석가를 향한 믿음, 즉 분석가가 무의식에 대해 알고 있을 것이라는 믿음이 사라졌기 때문이다. 따라서 무의식의 작업을 이어나가라는 분석가의 요구는 주체에게 곤혹스러운 것으로 경험된다. 내담자는 무엇 때문에 그렇게 해야 하는지 알지 못한다. 결국, 내담자는 분석의 근본 규칙을 어기고 분석가를 대할 때 완전히 "어린아이처럼 행동"[121]한다. "환자의 왜곡을 보여주고 그것

---

118) 같은 책. p.357.
119) 같은 책. p.356.
120) 같은 책. 같은 쪽.
121) 같은 책. 같은 쪽.

을 바로잡으려고 하다 보면 분석가는 환자가 그것을 이해하지 못하며 훌륭한 논거를 제시해도 소용없다는 것을 발견하게 된다."[122]

즉, 프로이트가 말하는 자아의 변형은 분석 작업 자체에 대한 저항이다. 결과적으로, 분석의 계속적인 진행은 자아의 변형이 나타나는 순간과 밀접한 관련이 있다. 만약 자아의 변형이 일찍 일어난다면 분석은 그렇지 않은 경우보다 이른 시기에 종결될 것이다. 그런데 프로이트는 이러한 자아의 변형이 기질적으로 타고나는 것이며, 자아의 변형이 일어나는 시기 또한 모든 사람에게 다르다고 지적한다. "각각의 자아가 선천적으로 개인 특유의 기질과 성향을 부여받는"[123] 것이다. 이 때문에 모든 환자가 동일하게 변화의 능력을 갖추는 것을 기대하기 힘들다. 어떤 환자들은 분석을 통해 좀 더 유연하게 변화하는 반면, 그렇지 못한 이들도 존재한다. 이러한 사례에서는 "모든 과정, 관계, 힘의 분배가 변경될 수 없으며, 고착되어 있으며, 경직되어 있다는 것이 드러난다."[124]

프로이트는 자아의 변형을 유도하는 어떤 것이 죽음 충동과 관련되어 있다고 설명한다. 치료에 대한 저항은 "모든 수단을 동원해서 회복을 가로막고 병과 고통에 완전히 달라붙으려는 힘을 가리킨다."[125] 신경증 환자들은 무의식적 죄의식을 경험하고 증상을 통해

---

122) 같은 책, 같은 쪽.
123) 같은 책, p.358.
124) 같은 책, p.361.
125) 같은 책, pp.361~362.

처벌받으려는 욕구가 있다. 즉, 이는 자기 자신을 파괴하고 공격하려는 충동이 존재하는데, 그것은 증상을 붙들고 있으려는 태도로 나타난다. 신경증자들이 치료를 거부하는 이유는 증상이 주는 고통을 포기할 수 없기 때문이다. 죽음 충동의 존재로 인해 신경증자는 행복한 삶을 스스로 거부한다. 이들은 자신들이 그토록 원하던 행복, 즉 증상이 제거된 상태에 도달하려고 하는 찰나에 과거의 고통스러웠던 상황으로 회귀해버린다. 이러한 현상 때문에 인간의 정신적 활동이 쾌락 지향적이라고 말하는 것은 불가능하다. 쾌락원칙을 넘어서는 어떤 힘, 즉 죽음 충동이 존재하는 것이다. 치료를 불완전하게 만드는 또 다른 요인은 바로 죽음 충동이다.

정신분석을 불완전하게 만드는 두 가지 원인은 바로 성 충동과 죽음 충동이다. 증상을 지탱하는 힘이 리비도뿐만 아니라 죽음 충동이라는 사실은 역시 정신분석 치료의 근본적인 한계점이 된다. 성 충동과 죽음 충동은 인간이 타고난 두 가지 힘이다. 성 충동과 마찬가지로 죽음 충동을 완벽히 제거하는 일 역시 불가능하다. 그것들을 삶에서 제거하는 일은 불가능하므로 결국에 갈등을 완전히 제거할 수 없다.

교육 분석의 문제

■ 정신분석의 한계는 분석가의 교육 분석 (analyse didactique)에 대해서도 의문을 갖게 한다. 지금까지의 논의는 분석가들의 개인 분석 역시 마찬가지의 이유로 중단될 수 있다는 사실을 암시한다. 분석가가 되기 위해 받는 분석도 불완전하게 진행된다. 그러나 우리는 상식적으로 정신분석가의 분석에 더욱 많은 것을 기대하지 않는가? 분석가의 분석은 일반적인 분석보다 엄격하고 완벽하게 진행되어야 한다고 말이다. 그러나 지금까지의 논의는 분석이 불완전하게 진행될 수밖에 없다는 사실을 보여주며, 이는 교육 분석 역시 같은 한계에 봉착하게 될 것이라고 예상하는 것이 가능하다. 만약 교육 분석 역시 불완전하게 진행될 수밖에 없다면 분석가의 교육 분석은 무엇이 되어야 하는가?

프로이트는 교육 분석의 문제를 '분석가의 개성'[126)]과 함께 고려

---

126) 같은 책. p.369.

한다. 이는 분석에서 매우 중요하게 고려하여야 하는 질문이다. 분석가는 심리적 갈등을 겪는 환자에 비해 더없이 완전한 인간의 모습을 보여줄까? 혹은 그렇게 되어야만 정신분석가가 되었다고 말할 수 있을까? 우리가 분석가에게 기대하는 이 이상적인 모습에도 프로이트는 여지없는 비판적인 견해를 취한다. "환자를 가르쳐서 도달하게 하려는 정신적 정상성의 정도에 분석가 자신의 퍼스낼리티가 예외 없이 도달한 상태인 것은 아니라는 것은 논쟁의 여지가 없다."[127]

분석가는 다른 사람의 분석을 수행하기 위해서는 자기 자신의 분석을 진행할 필요가 있다. 자신의 콤플렉스를 극복할 필요가 있기 때문이다. 그러나 이는 분석가 지망생에게 모든 결점을 버린 완벽한 인간이 되라고 요구하는 것은 아니라는 것이다. 오히려 정상성 혹은 완벽한 이상에 대한 욕망은 분석가의 기능을 마비시킨다.

앞서 지적한 완벽한 분석을 불가능하게 만드는 요인들이 예비 분석가의 분석에서도 나타난다. 따라서 분석가 지망생의 분석 역시 불완전한 형태를 보이게 된다. 그렇다면 분석가는 무엇 때문에 분석을 받아야 할까? 분석가가 받는 분석에는 어떤 목적이 있을까?

사실 분석가가 받는 분석은 치료 목적보다는 교육적인 목적이 더욱 강하다. 프로이트의 주장을 직접 인용해보자.

---

127) 같은 책. p.369.

이것의 주된 목적은 교사가 그 후보자가 더 깊이 있는 교육에 적합한지를 결정하는 데 있다. 수습생이 무의식의 존재에 대해 확신하게 되고, 억압된 것이 떠오르는 것에서 보통 때는 믿지 않았던 것을 자기 관찰 하게 되고, 분석 작업에서 유일하게 쓸모 있음이 입증된 기법을 처음으로 맛보게 되었다면 이것의 역할은 끝난 것이다. 하지만 우리는 자기 분석에서 얻은 자극이 그것이 끝남과 함께 사라지지 않을 것이며 자아 수정 과정이 피분석자에게 자발적으로 계속될 것이며 이 자아 수정 과정이 이후의 모든 경험을 새로 얻은 의미 속에서 이용할 것이라는 기대를 걸 수 있다. 이런 일은 실제로도 일어나며 이런 일이 일어나는 한 피분석자는 분석가로서의 능력을 갖추게 된다.[128]

여기서 프로이트가 무의식에 대한 경험이라는 관점에서 교육 분석에 접근하고 있다는 사실을 확인할 수 있다. 그가 제시하는 조건은 먼저 무의식에 대한 확신, 두 번째 자기관찰, 마지막 세 번째는 분석 기법을 경험하는 것이다. 수습생의 분석은 그가 모든 콤플렉스를 극복하고 이상적인 인간상에 도달하게 되었을 때 종료되는 것이 아니다. 대신 그의 분석은 '무의식의 존재에 대한 확신'을 갖게 되고 '분석 작업의 기법의 유용성'을 경험하게 되면 종료되는 것이다. 이것을 경험하게 되면 수습생은 스스로의 분석을 수행할 수 있게 되는데, 따라서 자기 자신을 분석하는 일 역시 가능해진다.

---

128) 같은 책, p.371.

프로이트는 무의식에 대한 '확신'(conviction)에 대해서 이야기했다. 중요한 것은 이 확신이 믿음과는 구분된다는 사실이다. 프로이트가 지적하듯, 분석 주체는 분석 도중에 무의식에 대한 믿음을 가질 수 있다. 그렇지 않다면 내담자가 분석가를 방문할 이유도 없으며 자유연상을 할 이유도 없다. 그런데 이러한 믿음은 어디까지나 전이에 의한 것이다. 분석가를 향한 전이가 무의식에 대한 믿음을 지탱하는 것이다. 즉, 내담자는 무의식을 믿지 않을 수 있지만, 분석가가 그것을 믿고 있다고 생각하기 때문에 무의식의 존재를 믿는 것이다. 전이 하에 드러나는 무의식은 어디까지나 분석가라는 매개를 통해서만 접근할 수 있는 것이다.

하지만 분석가 지망생이 분석가로서 기능하기 위해서는 믿음만 가지고는 불충분하다. 무의식에 대한 믿음은 의심을 토대로 한다는 점에서 행위를 끌어내기에는 부족하다. 프로이트는 분석 주체가 분석가로 이행하기 위해서는 이 믿음이 확신으로 변화할 필요가 있다고 지적한다. 그렇다면 확신은 믿음과 어떻게 다른 것일까? 믿음과 확신에는 매개자라는 차이점이 있다. 분석 주체는 분석가라는 매개를 통해 무의식을 믿지만, 분석가는 스스로 무의식에 대한 확신을 가진다. 그리고 이는 자연스럽게 무의식에 대해서 알고 있다고 가정되는 분석가에 대한 믿음을 실추시킨다. 결과적으로 무의식을 향한 믿음인 전이는 주체가 확신을 갖게 되면서 사라지게 된다. "주체가 자신의 무의식에 대해 충분히 알고 있을 때 지식은 더 이상 가정되지 않

는다. 그것이 주체에게 접근 가능해진다면 더욱 그러할 것이다."129)

그렇다면 왜 이러한 작업이 필요한 것일까? 왜 교육 분석을 통해 수습생은 무의식을 경험해야만 하는 것일까? 이는 무의식이 억압되는 것이기 때문이다. 모든 분석가 지망생이 프로이트처럼 무의식을 경험할 수 있는 것은 아니다. 정신분석이론에 대한 믿음이 있다 하더라도 그것은 이론적 차원에서만 그칠 수도 있다. 그러나 이런 상태에서 분석가 지망생은 분석가로서 기능할 수 없다는 것은 분명한 일이다. 따라서 분석가가 되기 위해서는 무의식의 존재를 경험적으로 확신할 수 있어야 한다. 분석가 지망생이 받는 분석의 목적은 바로 여기에 있다. 무의식을 알지 못하던 사람을 무의식에 대해 알게 하는 것 말이다. 따라서 이러한 분석은 교육에 목적이 있으므로 '교육 분석'이라 부를 수 있다. 분석가 지망생의 분석은 무의식을 교육하기 위한 분석이다. 하나의 분석이 교육 분석이 되기 위해서는 분석의 끝에 주체가 무의식에 대한 확신을 가지고 있어야 한다.

그리고 정신분석의 이러한 특성은 통상적인 교육과정이 정신분석을 가르치는 데 적합하지 않다는 것을 잘 보여준다. 정신분석적 교육은 오로지 개인 분석을 통해서만 이루어질 수 있는 것인데, 이는 개인 분석 속에서 내담자가 무의식의 활동을 가장 밀접하게 경험할 수 있기 때문이다. 그래서 순수하게 이론적인 접근은 정신분석의 가르침에서 유용하지 않다. 또한, 대학식 교육과정, 즉 정해진

---

129) 조엘 도르. 홍준기 역. 〈프로이트·라깡 정신분석 임상〉 아난케. 2005. p.115.

커리큘럼을 거쳐서 무의식을 가르치는 것 역시 불가능한데, 왜냐하면 개별적 주체가 언제 무의식에 도달하게 될지 알 수 없기 때문이다. 따라서 정신분석가 양성의 핵심에는 개인 분석이 존재하며, 그 끝이 언제가 될지 예측하는 것도 불가능하다.

다시 돌아가, 여기서 말하는 무의식의 속성을 좀 더 명확하게 지적해보자. 프로이트는 수습생이 교육 분석을 받는 이유를 '더 깊이 있는 교육에 적합한지' 파악하기 위한 것이라고 했다. 이는 다시 말해 수습생이 교육 분석을 종료한다고 해서 그의 양성과정이 완전히 종료되는 것이 아니라는 것을 의미한다. 오히려 교육 분석을 통해 수습생은 무의식에 대한 확신을 하게 되므로 본격적인 연구는 분석 종료 후에 시작된다. 일반적으로 훈련과정이 종료되면 더 이상의 교육과정은 없다고 생각하는 것과는 달리 말이다. 정신분석가 양성과정은 끝날 수 없는 과정이다.

수습생이 분석을 종료하기 위해 무의식에 대한 확신이 필요하다면 이때 무의식은 구체적으로 어떤 형태를 띠고 있을까? 한 가지 확실한 것은 명명백백히 알고 있는 것으로서의 무의식은 아니라는 것이다. 오히려 이때의 무의식은 이미 밝혀진 무의식이 아니라, '아직 밝혀지지 않은 상태로 남아 있는 무의식'이다. 수습생은 무의식이 존재한다는 사실은 확신할 수 있으며, 그것이 모종의 방식에 따라 작동하고 있다는 사실을 확신할 수 있다. 하지만 그것이 어떤 내용으로 구성되어있는지는 알 수 없다.

무의식에 대한 무지. 이때 '알지 못함'이 중요하다. 수습생이 내담자와 정신분석 작업을 하며 함께 공동 연구를 할 수 있는 까닭은 그가 내담자의 무의식에 대해서 알지 못하기 때문이다. 만약 수습생이 내담자에 대해서 안다고 생각하면 그는 내담자에게 연상을 권유하기보다는 직접적으로 해석을 제시할 것이다. 이는 수습생 본인에게도 마찬가지이다. 프로이트는 자기 분석이 지속적으로 일어날 수 있을 때 수습생이 분석가가 된다고 지적했다. 자기 분석이 진행되기 위해서는 자기 자신에게 아직 알지 못하는 부분이 있다는 사실을 수습생이 받아들일 수 있어야 한다. 만약 수습생이 자기 자신에 대해 모든 것을 알았다고 생각하면 자기 분석 과정은 종료되고 만다. 바로 이 점에서 계속적인 분석 작업이 일어나기 위해서는, 아직 알지 못하는 것으로서의 무의식이 전제되어야 한다. 그리고 '정신분석적 지식'은 무의식에 대한 확신을 토대로 형성된다.

이런 의미에서 분석가 지망생이 분석을 통해 알게 된 지식은 교육 분석이 성공적으로 수행되었는지 확인하기 위한 적절한 척도가 아니다. 분석가는 무의식에 대해 알고자 하는 욕망을 가져야 하는데, 이를 위해 분석의 끝에 수습생에게 갖춰져야 할 것은 작업에 대한 욕망이다. 작업에 대한 욕망이 있기 때문에 무의식에 대해 알기 위해 분석 작업을 할 수 있다. 이는 분석가 지망생의 분석가가 하던 기능을 지망생이 스스로 할 수 있게 되었다는 것을 의미한다. 분석가는 내담자를 대신해 작업에 대한 욕망을 지탱한다. 분석가

는 자신의 욕망을 통해 분석을 진행한다. 그런데 주체가 분석가의 욕망 없이도 분석 작업을 지속할 수 있다는 것은 이 욕망을 가졌기 때문이다. 주체는 무의식에 대해서 좀 더 알기를 원하게 되며, 이로 인해 주체적으로 분석 작업을 지속한다. 내담자는 분석가의 욕망을 가지게 되는 것이다. 내담자에게 분석가의 욕망을 갖게 하는 것, 이 것이 바로 교육 분석의 목적이다.

만약 분석가가 자신에 대한 분석을 중단한다면, 이는 자신의 무의식에 대해 작업 하고자 욕망을 잃게 되었다는 것을 가리킨다. 정신분석이 무의식의 실천이라면 무의식에 대한 욕망을 갖지 않은 분석가가 다른 사람의 무의식을 분석하는 일은 불가능한 일이 될 것이다. 프로이트는 이러한 상황을 방지하고자 분석가들이 지속해서 분석을 받을 것을 요구했다. 모든 정신분석가가 5년마다 한 번씩 분석을 받아야 한다는 프로이트의 제언은 계속해서 진행될 수밖에 없는 이 분석 작업에 대한 욕망을 유지하기 위함이라고 이해할 수 있다. 프로이트는 자발적인 분석 작업의 지속하는 것이 분석가의 중요한 조건으로 삼았는데, 이는 이러한 작업이 지속되지 않는다면 분석가로서 기능하는 것에 문제가 생길 수 있다는 것을 의미한다. 다른 사람을 분석하기 위해서는 자기 자신을 분석해야만 한다.[130]

---

130) 필자가 석사 논문에서 정신분석의 끝을 이론화하는데 심각한 오류를 범했다. 당시 필자는 무의식에 대한 믿음을 일종의 환상으로 개념화하면서, 분석의 끝은 무의식에 대한 믿음이 사라지면서 나타난다고 보았다. 즉 무의식 개념의 중심에는 전이가 존재한다는 것이며, 전이적 믿음이 무의식의 존재를 지탱한다고 생각했다. 달리 표현하자면 프로이트

이는 프로이트가 분석가 자신의 개인 분석 또한 완벽하게 끝마쳐질 수 없는 작업이라고 보았다는 것을 가리킨다. "환자에 대한 치료 분석뿐 아니라 자기 분석도 끝낼 수 있는 과업에서 끝낼 수 없는 과업으로 바뀔 수 있음을 의미한다."[131] 즉, 자기 자신에 대해 모든 것을 아는 일은 불가능하다. 모든 무의식을 의식화하는 일은 불가능하다. 분석은 계속되어야 하는 작업이지 끝날 수 있는 것이 아니다.

그렇다면 분석은 애초에 끝낼 수 없는 작업일까? 정신분석은 영원히 지속될 수밖에 없는 작업인 것인가? 프로이트는 그렇지 않다고 보고 있다. "나는 분석 일반이 종료되지 않는 작업이라고 주장할 생각은 없다."[132] 실천적으로 치료를 성공적으로 끝낸 사례들이 존재하기 때문이다. 다만 프로이트가 주장하고자 하는 바는 분석이 '완벽한' 작업이 될 수는 없다는 것이다. 다시 말해 '분석이 끝마쳐질 수 없다'라고 말할 때 의미하는 것은 분석을 통해 환자(분석가 지망생)를 어떤 심리적 갈등도 겪지 않는 상태로 만드는 일은 불가능하며 모든 무의식을 의식화하는 일도 불가능하다는 것을 지적하는 것이다.

의 무의식이론은 인간 정신에 관한 수많은 '가능한' 담론 중 하나일 뿐이며, 하필이면 무의식이론이 진릿값을 갖는 이유는 프로이트를 향한 전이 때문이라는 것이다. 하지만 이 주장에는 오류가 있는데, 왜냐하면 전이적 믿음이 사라진다고 해서 무의식의 존재 자체가 사라진다고 말할 수 없기 때문이다. 즉 인간 정신 속에 존재하는 또 다른 정신과정이 존재한다는 사실은 부정할 수 없다. 물론 이때의 무의식은 아직 지식에 의해 분절되지 않은 것인데, 라깡의 용어법에 따르자면 '실재적 무의식'이라고 할 수 있다.

131) 지그문트 프로이트. 이덕하 옮김. 「끝낼 수 있는 분석과 끝낼 수 없는 분석」〈끝낼 수 있는 분석과 끝낼 수 없는 분석〉 도서출판 b. 2004. p.373.

132) 같은 책. 같은 쪽.

우리의 목표는 도식적인 정상성을 위해 모든 인간적인 개성을 없애버리는 것도 철저히 분석받은 사람이 어떤 격정도 느끼지 않고 어떤 내적 갈등도 겪지 않게 하는 것도 아니다. 분석은 자아가 기능하는 데 가장 유리한 심리적 상태를 만들어내야 하며, 그와 함께 그 임무가 끝난다고 할 수 있다.[133]

분석은 모든 갈등의 제거를 목표로 삼지 않는다. 프로이트적인 관점에서 인간적인 개성을 갖고 있는 것, 격정을 느끼고 갈등을 느끼는 것은 어떻게 보면 정상성의 범주에 속한다. 프로이트는 이 모든 것을 제거하는 일을 불가능한 작업이라고 생각했다. 이를 위해 프로이트는 이 논문에서 완벽한 분석이 가능하다고 간주하는 이들을 비판하고 정신분석 작업이 완벽하게 끝날 수 없게 만드는 요인들이 무엇인지 보여주었던 것이다.

이때 '완벽'은 그 어떤 심리적 갈등도 존재하지 않는 이상적 상태를 의미하므로 프로이트는 이상적 인간에 대해 비판적인 태도를 취했다고 볼 수 있다. 프로이트의 정신분석학에서 우리가 가지지 못한 완벽함을 체현한 인물을 가리키는 또 다른 용어는 바로 아버지이다. 프로이트는 자아의 이상으로서의 아버지가 되는 것이란 사실상 불가능하며, 정신분석가 역시 그러한 아버지가 될 수 없다고 말한다.

---

133) 같은 책. p.374.

거세의 암초와 정신분석가의 지식

■ 이상의 몰락은 프로이트의 이론적인 관점이 아니라 실천이 맞닥뜨렸던 하나의 곤경이었다. 이는 바로 그가 거세의 암초라는 이름으로 명명했던 현상이다. 거세의 암초는 남성과 여성이 분석가에 대해 취하는 독특한 태도를 가리키며, 분석을 통해 넘어설 수 없는 증상적 행동이다. 남자는 아버지 대리인으로서의 분석가의 권위에 굽히지 않으려 하며, 여자는 분석이 아무런 소용이 없다고 생각하며 우울해한다. 프로이트는 이를 거세라는 관점에서 해석했다. 남근을 가진 남성은 또 다른 남근을 가진 남성 앞에서 물러서지 않으려 하는데, 이는 물러섬이 거세를 의미하기 때문이다. 그리고 여성은 분석을 통해 남근을 가지기를 원했지만, 남근을 가질 수 없다는 생각 때문에 우울해한다. 중요한 것은 이러한 행동들을 아무리 해석해도 극복할 수 없었다는 사실이다. 그래서 프로이트는 이를 분석을 통해 넘어설 수 없는 곤경, 즉 거세의

암초라고 명명했다.

우리가 여기서 주목해야 할 지점은 내담자들이 분석가의 말에 더 이상 귀를 기울이지 않는다는 사실이다. 이것에 주목해야 하는 까닭은 이로부터 거세의 암초에 대한 새로운 해석이 가능하기 때문이다. 거세의 암초는 프로이트가 지적했듯, 더 이상 분석가의 해석이 효력을 발휘하지 못하는 지점을 가리킨다. 프로이트는 이를 남근이라는 생물학적 기관과 연결해서 해석했다. 남성은 남근을 가졌기 때문에 남근을 보존하길 원하며, 여성은 남근을 가지지 못했기 때문에 남근을 원한다. 하지만 여기서 프로이트는 이중적인 행보를 보이는데, 거세의 암초에 대한 프로이트의 해석은 거세를 생물학적 기관이 아니라 상징적인 관점을 반영하고 있기 때문이다. 거세라는 테마를 불러일으키는 대상은 분석가의 생물학적 남근이 아니라 해석이라는 점에서 그러하다. 남성 내담자가 분석가의 해석을 수용하지 않는 이유는 그것이 남근적 가치를 갖기 때문이다. 그러한 해석을 받아들인다는 것은 자신이 남근을 가지지 못했다는 것을 인정하는 것이 되기 때문에 해석을 수용하지 않는 것이다. 반대로, 여성의 경우에는, 분석가의 해석이 더 이상 남근적인 가치를 갖지 못하기 때문에 우울해하는 것이다. 즉, 여성은 자신이 가지지 못한 것을 갖길 원하지만, 분석가의 해석은 여성 환자가 바라던 그것이 아닌 것이다. 거세의 암초에서 문제는 기관이 아니다.

우리가 거세의 암초를 좀 더 일관성 있게 해석하기 위해서는 지식

이라는 관점에서 접근해야 한다. 지식은 상징적으로 남근의 가치를 갖는다. 아주 당연하게도 내담자가 분석가의 해석을 받아들이는 이유는, 분석가가 내담자보다 더 많이 알고 있다고 믿기 때문이다. 이러한 믿음은 분석가의 말을 무조건적으로 진리의 차원으로 고양시킨다. 거세의 암초는 분석가를 향한 이 맹목적인 믿음이 사라졌다는 것을 의미한다. 내담자가 더 이상 분석가의 말을 믿지 않는 것, 분석가에게 자신에게 없는 지식이 존재하리라는 믿음이 사라졌다는 것이다. 그렇기 때문에 남성 환자는 분석가 앞에서 물러서지 않으며, 여성 환자는 그 지식이 더 이상 남근의 대체물이 될 수 없다는 것을 알게 된다. 즉, 프로이트에게 있어 남근은 상징적인 관점에서 접근되어야 하며, 이는 분석 임상에서 지식이라는 형태로 나타난다.

거세의 암초가 중요한 이유는 프로이트가 의도하지는 않았지만, 결론적으로 그가 이론적으로 생각했던 분석의 끝과 일치하는 지점이기 때문이다. 즉, 이는 곤경이 아니라 필연적으로 분석이 도달할 수밖에 없는 끝이기 때문이다. 분석가를 향한 믿음은 아버지 대리인으로서의 분석가를 향한 믿음이다. 즉, 유아에게 아버지는 유아가 가지지 못한 어떤 것을 가지고 있는 사람이다. 이와 마찬가지로, 내담자는 분석가에게서 자신이 가지지 못한 지식을 발견한다. 그리고 그러한 발견과 더불어 분석을 시작하게 되는 것이다. 이때 우리는 아버지와 분석가가 유아와 내담자에게 있어 이상으로 나타난다

는 사실을 부정할 수 없다. 더욱 완벽한 모습이기 때문이다. 분석의 끝은 바로 이 이상에 대한 믿음이 사라진 것이다. 나보다 더 많이 가진 누군가에 대한 믿음, 그러한 믿음의 실추가 분석의 끝에 핵심적인 역할을 한다. 지금까지 살펴보았듯이, 프로이트는 이상에 도달할 수 없다는 것을 끊임없이 강조했는데, 실제로 분석의 끝에 내담자는 이상을 스스로 포기하게 되는 것이다.

거세의 암초에 대한 프로이트의 논의는 보다 급진적이며, 분석의 끝에 대한 세속적 개념들을 뒤집는 것이다. 여기서 말한 분석의 끝에 대한 세속적 개념이란 바로 분석의 종결을 분석가와의 협의로 결정하는 것을 의미한다. 이러한 개념이 오해일 수밖에 없는 까닭은 분석이 암초에 부딪혀서 끝난다는 사실에 있다. 거세의 암초는 분석의 종결이 분석가의 의도에 의해 진행되는 것이 아니라, 분석가의 의도를 넘어서는 갑작스러운 곤경이 밀어닥친다는 것을 의미한다. 따라서 합의는 존재하지 않는다. 내담자는 분석가를 향한 믿음을 잃어버렸기 때문에 일방적으로 분석을 종결한다. 여기에는 내담자와 분석가 사이에 협의라는 것은 존재할 수 없다. 내담자가 분석가와 협의해 분석가의 의견을 고려하여 분석을 끝낸다면, 내담자가 여전히 거세의 암초에 도달하지 못했다는 것, 즉 분석가의 지식에 대한 믿음을 가지고 있다는 것을 의미한다.

이는 분석의 끝이 분석가와 내담자 사이에서 실제로 벌어지는 일종의 다툼처럼 나타난다는 것을 의미한다. 프로이트가 그러했듯이,

분석가는 끊임없이 분석을 지속하고자 한다. 즉 그는 끊임없이 해석하며, 내담자가 알지 못하는 것이 있다는 사실을 상기시킨다. 하지만 내담자는 그러한 해석을 거부하고 분석을 종결한다.

거세의 수용

■ 프로이트가 「끝낼 수 있는 분석과 끝낼 수 없는 분석」을 집필하며 의도했던 것은 이상적으로 완벽한 분석에 대한 환상을 비판하기 위함이었다. 분석의 자연스러운 끝, 즉 더 이상 어떤 문제도 존재하지 않아 분석이 '자연스럽게' 종결되는 경우는 존재하지 않는다. 프로이트는 애초에 그런 목표 설정이 불가능하다고 지적하고 있는 것이다.

내담자에게 존재하는 내적 갈등은 분석을 계속해서 길어지게 하는 중대한 이유 중 하나이다. 증상이 존재한다는 사실로 인해 내담자는 자신의 분석이 불완전하다고 생각한다. 이때 내담자는 분석을 통해 도달하고자 했던 이상적 상태에 도달하지 못했다고 경험하는데 이 불완전함은 내담자 편에서 죄책감이 나타나도록 만든다. 프로이트가 「나르시시즘 서론」에서 지적했듯이, 자아 이상과 자아 사이의 거리는 죄책감을 나타나게 한다. 완벽한 자아 이상에 대한 소

망과 현재 자아 사이의 격차만큼 죄책감이 발생한다. 이 죄책감은 내담자가 계속해서 분석가를 만나고자 하는 한 가지 이유가 되며, 결국 분석을 끝날 수 없는 작업으로 만들게 된다.

그러나 프로이트의 분석은 완벽한 분석이 불가능한 이유는 분석의 기법상의 문제라기보다는 구조적인 이유에 가깝다는 사실을 드러낸다. 모든 분석을 완벽하게 끝낼 수 없는 이유는 바로 충동 때문이다. 충동을 완벽히 제거하는 일 자체가 불가능하다. 이런 의미에서 프로이트는 정신분석의 중심에 치료할 수 없는 중핵을 배치했다고 할 수 있다. 정신분석 과정에는 구조적인 불완전성이 존재한다.

하지만 프로이트는 이와 동시에 분석이 끝낼 수 있는 과정임을 암시한다. 정신분석의 중심에 구조적 불가능성이 존재한다면, 분석의 끝은 그 불가능성 자체를 포용함으로써 이루어진다. 완벽한 분석은 불가능하다. 분석이 끝날 수 있다면, 그것은 분석이 완벽하게 종결될 수 없다는 사실을 받아들이는 한에서만 가능하다. 달리 말해, 자아 이상에 도달하고자 하는 것이 아니라 그러한 이상을 포기하는 것, 자신의 증상을 치료해서 제거하는 것이 아니라, 있는 그대로 받아들이는 것 말이다. 인간 주체에게 내재한 한계를 인정하는 것, 정신분석의 용어로 하자면 거세를 받아들이는 것이다. 프로이트에게 진정한 의미의 분석의 끝은 이러한 변화가 일어나는 순간이다.

정신분석가의 저항

■ 프로이트에게 있어 정신분석은 연구 과정 그 자체를 가리킨다. 여기서 연구라는 단어가 갖는 함의는 상당히 풍부하다. 정신분석은 증상의 제거를 위한 실천이 아니라는 것이다. 이 특이점은 심리치료와 비교해보았을 때 더욱 확실히 드러난다. 심리치료는 최근 심리학적 연구 결과들을 통해 증상을 효과적이고 효율적인 방식으로 제거하는 방향으로 발전했다. 이와는 반대로, 정신분석학에는 정신분석 과정을 통해 발명된 지식을 분석에 다시 적용하는 과정이 존재하지 않는다. 분석가가 알고 있는 지식을 내담자에게 적용하는 것은 치료적 효과도 적을뿐더러, 내담자를 연구할 수 없도록 만든다. 분석가가 내담자의 증상이 발생한 원인과 그것에 대해 대처할 방법에 대해 알고 있거나, 혹은 알고 있다고 생각한다면 분석가가 내담자의 담화에 귀를 기울이지 않게 되리

라는 것은 자명한 사실이다.

여기가 현대 심리치료로부터 프로이트의 정신분석학이 비판받는 지점 중 하나이다. 정신분석은 너무나 오랜 기간이 소요될지도 모른다는 사실 말이다. 사실 정신분석에는 정해진 세션의 수가 정해져 있지 않다. 프로이트의 사례만 하더라도 하루 만에 끝난 카타리나의 사례에서 수년간 진행된 늑대인간 사례까지 그 소요기간이 매우 다양하다. 이런 상황을 고려해본다면 정신분석은 시간이 오래 걸릴지도 모르는 것이 사실이다. 바로 이 때문에 정신분석은 비경제적이라는 이유로 비판받곤 한다. 하지만 이러한 비판은 그것이 정신분석학이나 심리학적 관점이 아닌, 경제학적 관점에 근거하고 있다는 데서 한계가 있다.

정신분석에 정해진 세션의 수가 정해져 있지 않은 까닭, 그리고 그것이 오랜 기간 소요될 수도 있는 까닭은 이 말하기 실천이 무의식의 흐름을 따르기 때문이다. 여기가 정신분석이 심리치료와 달라지는 또 다른 지점이리라. 일반적인 심리치료가 이미 정해진 치료적 기준들에 내담자의 증상을 끼워 맞춘다면, 정신분석은 그러한 기준 없이 내담자의 연상의 흐름 자체에 귀를 기울인다.

연상이란 머릿속에 떠오른 생각을 말로 옮기는 것이다. 결국, 정신분석은 한 사람의 경험에 귀를 기울인다. 그가 어떤 경험을 하면서 살아왔는지, 어떤 방식으로 세상을 바라보는지 말이다. 내담자의 경험은 말을 통해서 밖에 표현될 수밖에 없는데, 정신분석에

서 내담자는 그 모든 것들을 말로 표현하기를 요구받는다. 이런 의미에서 정신분석을 받는 사람은 대상이 아니라 주체이다. 피분석자라는 용어가 종종 사용되지만 말이다. 피분석자라는 용어는 내담자를 분석의 대상으로 보고 있음을 보여주지만, 오히려 프로이트적 관점에서 내담자는 단순한 분석의 잣대가 적용되는 수동적 대상이 아니다. 한 사례를 체계적으로 이론적으로 분석하는 것은 중요하지만, 그것은 분석이 진행되는 당시가 아니라 분석이 모두 종료된 후에 이루어져야 하는 것이라는 프로이트의 제언은 이를 증명한다.

모든 것을 말해야 한다는 것, 정신분석에 있어서 유일한 요구이다. 하지만 정신분석의 초기에서부터 저항이 존재했다. 그의 환자들은 항상 억압된 것들을 말하는 데 있어 저항했다. 신경증을 치료하기 위해서는 떠오르는 것을 모두 다 말해야 한다고 했지만, 환자들은 프로이트의 말을 듣지 않았다. 환자들은 침묵했다. 이 때문에 프로이트는 신경증 환자들이 낫고 싶어 하지 않는다고까지 주장했다. 환자들이 진정으로 낫길 원한다면 분석가의 권유를 따르는 것이 당연한 일이기 때문이다. 하지만 환자들은 프로이트의 말을 듣지 않았고, 프로이트는 이러한 현상에 저항이라는 이름을 붙였다. 그가 하나의 현상을 설명하기 위해 개념을 도입했던 것은 그러한 현상이 우발적으로 일어나는 것이 아니라 분석치료 중에 구조적으로 나타나는 것이기 때문이다. 환자가 저항하는 것은 특별한 일이 아

니다. 그래서 프로이트는 자신의 정신분석 테크닉 전반을 환자의 저항을 극복하는 데 초점을 맞추어야만 했다. 분석가는 낫고 싶어 하지 않는 환자를 낫도록 만들어야 하는 것이다.

프로이트는 심리치료사들이 종종 취하곤 하는 태도와는 정반대의 태도를 취했다. 심리치료사들은 심리치료가 잘 되기 위해서는 내담자가 그 치료를 정말로 원하고 진지한 태도를 보여야만 한다고 말한다. 변화에 대한 내담자의 마음이 절실할 때 치료를 잘 진행된다고 말한다. 반대로, 치료가 잘 진행되지 않는 것은 내담자가 변화를 원하지 않기 때문이다. 프로이트는 이러한 생각에 일정 부분 동의했다. 내담자들은 치료되고 싶어 하지 않는다. 그러나 이것은 내담자들이 갖는 기본적인 태도이다. 그러므로 치료사 혹은 분석가는 이러한 태도 앞에서 물러서서는 안 된다. 만약 치료사가 내담자가 실제로 치료되고 싶어 하지 않는다고 말하며 포기한다면 치료는 실패로 돌아가고 만다. 그 때문에 프로이트는 내담자들이 보이는 분석에 대한 저항 앞에서 물러서지 않았다. 프로이트는 내담자들이 저항을 극복하고 연상을 이어나갈 수 있도록 만들었다.[134]

내담자가 분석에 저항하는 것은 당연한 일이기에 분석가의 임무는 내담자의 저항을 드러내고 연상을 이어나갈 수 있도록 만드는 것이다. 이로부터 분석이 저항에 의해 잘 진행되지 않는다면, 이는 내담자의 탓이 아니라 분석가의 책임이라는 결론이 도출된다. 분석

---

134) 브루스 핑크. 맹정현 옮김. 〈라캉과 정신의학〉 민음사. 2010. pp.17~18.

을 이끄는 것은 내담자의 욕망이 아니라 분석가의 욕망일 수밖에 없다. 내담자는 분석을 원하지 않기 때문에 분석가는 자신의 욕망을 이용해 내담자를 분석에 참여하도록 만들어야 한다. 반대로 분석가가 충분히 자신의 욕망을 견지하지 못하면 분석은 진행되지 않는다. 따라서 분석이 저항에 부딪혔을 때 그 책임을 내담자에게서 찾을 수 없다. 내담자가 분석을 진정으로 욕망하지 않는다는 사실을 개탄하며 정체된 분석의 책임을 내담자에게 찾는 것은 분석가가 분석에 대한 욕망을 상실했다는 것을 드러내는 하나의 방식일 것이다. 이런 의미에서 분석에서 존재하는 유일한 저항은 분석가의 저항이다. 분석 작업이 정체되는 이유는 분석가 자신이 분석에 대해 저항하고 있기 때문이다.

· · ·

분석가의 욕망에는 또 다른 특징이 있다. 분석가는 자신에게는 지식이 없다는 태도를 취한다. 분석에서 알고 있는 자는 분석가가 아니라 내담자, 좀 더 정확히 말하면 내담자의 무의식이다. 내담자의 증상은 그가 이미 무의식적으로 무엇인가를 알고 있다는 것을 의미한다. 이 때문에 내담자로 하여금 억압된 것을 말하게 하는 일이 가장 중요하다.

이런 점에서 정신분석가의 욕망은 소크라테스의 욕망과 닮아있다. 잘 알려져 있듯이 소크라테스는 스스로 무지한 자라는 포지션

을 자처했다. 소크라테스가 아는 것이라곤 자신이 알지 못한다는 사실 뿐이었다. 소크라테스는 자신의 제자들에게 직접적으로 지식을 전수하지 않았다. 그러나 그가 인류의 역사상 위대한 스승의 반열에 들어설 수 있었던 이유는 그가 스스로 무지를 자처했기 때문이다. 이와 마찬가지로 정신분석가로서 프로이트는 알지 못한다는 태도를 취했다. 그리고 이를 통해서 내담자로 하여금 말하도록 만들었다.

분석가가 무지할 수밖에 없는 이유는 무의식의 특수성에서도 찾을 수 있다. 프로이트가 강조하듯, 정신분석의 모든 사례는 항상 개별적인 사례이다. 새로 만난 내담자가 그 이전에 내담자와 같으리란 보장을 할 수는 없기 때문이다. 수천 명을 분석한 노련한 분석가라고 해도 그가 다음에 만나게 될 내담자의 무의식이 어떤 식으로 구성되어 있을지는 알 수 없다. 정신분석이 개개인의 역사에 주목하는 한 모든 사례는 개별적인 사례일 수밖에 없다. 그렇기 때문에 분석가가 이제 처음 만난 내담자를 과거의 만났던 내담자들을 통해 알게 된 지식을 통해 분석하는 일은 불가능하다. 사실 분석가는 새롭게 만난 내담자에 대해서 아무것도 알지 못한다. 분석가가 내담자에 대해 알 수 있는 유일한 통로는 내담자의 연상뿐이다. 따라서 분석가는 내담자에게 말하게 만들 수밖에 없다.

무지가 있기 때문에 분석가는 내담자의 말을 좀 더 잘 들을 수 있게 된다. 분석가가 섣불리 추측하거나 해석하지 않게 되고 내담자

의 말에 귀를 기울일 수 있는 이유는 내담자에 대해서 알지 못한다고 생각하기 때문이다.

여기서 잘 듣는다는 말은 단순한 이해나 공감을 가리키는 것이 아니다. 이해나 공감은 내담자의 담화를 분석가가 이미 알고 있는 것에 일치시킬 수 있을 때 나타나는 반응이다. "당신이 어떻게 느끼는지 알 것 같아요."라는 말이 갖는 의미를 생각해보자. 이 말은 분석가가 자신의 경험을 통해 내담자의 경험을 이해한다는 것을 의미한다. 그러나 분석은 자아가 아니라 자아가 말로 표현하기 어려워하는 억압된 것을 겨냥한다. 내담자가 다른 사람들과는 다른 형태의 증상을 갖고 있다는 것은 그가 그만의 특수성을 갖고 있다는 것을 의미한다. 이런 의미에서 내담자의 경험은 다른 누군가의 경험과 같을 수 없으며, 분석은 이 특수성을 겨냥한다. 이 때문에 놀람은 내담자가 억압된 것을 말할 때 분석가에게 나타나는 가장 대표적인 반응이 된다. 왜 억압된 것들이 말로 표현될 때 분석가는 놀라게 되는 것일까? 이는 그것이 내담자의 주체성, 내담자라는 타자의 타자성과 조우하는 일이기 때문일 것이다. 그것들은 다른 누구도 아닌 바로 그 내담자만이 말할 수 있는 것들이다.

분석가가 내담자를 이해할 수 없어 분노하는 경우도 마찬가지이다. 분석가가 내담자를 이해할 수 없기 때문에 분노한다 하더라도, 이는 분석가가 이미 내담자를 이해하고 있다는 것을 함축한다. 분석가는 내담자의 생각과 경험이 어떤 식으로 이루어지는지 이미 알

고 있고, 이것이 자신의 가치관과 일치하지 않기 때문에 분노하는 것이다. 다시 말해, 분석가가 내담자를 이해할 수 없다는 사실 때문에 분노한다면, 이는 내담자가 분석가가 추구하는 인간상에 일치하지 않기 때문이다.

정신분석가가 알고 있다고 가정된 주체에 동일시한다면 이 숨겨진 것들과 만날 확률은 희박해진다. 그가 많은 것을 알고 있다고 생각할수록, 자신의 지식의 정당성을 믿을수록 분석가는 자신이 이해할 수 있는 범위만큼만 내담자의 경험을 받아들이게 된다. 혹은 내담자가 이해하지 못하는 현상들을 자신의 지식에 의거해 알려줄 수도 있다. 자신의 이론적 지식에 근거해서 내담자의 무의식은 어떻고, 그가 실제로 원하는 것은 무엇이라는 식으로 말이다. 이것이 소위 알려진 분석가의 해석일 것이다.

그러나 이는 분석적인 해석이라고 볼 수 없다. 이는 무의식에 대해 가르치는 것에 불과하다. 그리고 프로이트가 지적했듯이 이런 해석은 아무런 효과도 발휘하지 못한다. 내담자는 의식적으로는 이해할지 모르지만, 무의식적으로는 아무것도 이해하지 못한 상태로 남아 있게 된다. 따라서 해석이 작동하기 위해서는 내담자가 귀로 듣는 것이 아니라 자신의 경험을 통해 도달해야 한다. 물론, 해석이 잘못되었다고 해서 그것이 내담자에게 심각한 악영향을 미치는 것은 아니다. 다만, 잘못된 해석은 분석 작업을 정체시키거나 작업 자체를 중단시켜버린다. 내담자의 저항이 침묵이라면 정신분석가의

저항은 말이다.

물론, 프로이트 역시 억압된 것을 추측하고 해석하는 방식을 사용했던 것은 사실이다. 하지만 프로이트는 이러한 방식이 그리 효과적이지 않다는 사실을 깨달았다. 따라서 그는 내담자가 스스로 해석에 도달할 수 있도록 만들었다. 실제로 내담자는 분석가의 도움 없이 스스로 유의미한 해석해 도달할 수 있다. 분석가가 "모든 것을 올바로 준비했다면 환자가 우리의 구성을 직접적으로 확인하고 잊혀진 내적이거나 외적인 과정을 스스로 기억해 내는 상황에 종종 도달하게 된다."[135] 분석가가 의미를 전달하는 해석은 그 의미를 잃는다. 따라서 핵심은 내담자가 스스로 해석에 도달할 수 있도록 내담자의 작업을 지탱하는 것이다.

그렇다면 분석가의 해석은 무엇이 되어야 할까? 정신분석이 억압된 무의식을 드러나게 하는 작업이라는 점에서 분석가의 해석은 저항으로 인해 중단된 무의식의 작업이 계속될 수 있도록 만들 때 그 의의를 갖는다. 해석은 내담자가 계속해서 말할 수 있도록 만드는 데 목적이 있지, 억압된 것이 무엇인지 추측하는 것과는 관계가 없다. 내담자의 상태를 낮게 만들어주는 것은 내담자가 저항들을 극복하고 자신의 이야기를 한다는 사실 자체이다. 프로이트가 저항 훈습하기라 부른 이것이야말로 정신분석 치료의 핵심이다. 하지만

---

135) 지그문트 프로이트. 박성수·한승완 옮김. 「정신분석학 개요」〈정신분석학 개요〉 열린책들. 2010. p.454.

이는 쉬운 작업은 아니다. 내담자는 말해야 할 내용이 생각나지 않아 어려우며, 분석가는 내담자가 빨리 말하지 않아 짜증이 날 수 있다. 하지만 이 과정이야말로 가장 중요한 것이다. 그래서 프로이트는 다음과 같이 말한 것이다. "이런 식의 저항 훈습 하기는 실제 치료에서 피분석자에게는 까다로운 과업일 수 있으며 의사에게는 인내심에 대한 실험일 수 있다. 하지만 이것은 작업 중 환자를 가장 크게 변화시키는 작용을 하는 부분이며 분석치료를 암시를 통한 모든 영향과 구분할 수 있게 하는 것이다."[136]

프로이트는 전이적 권위를 통해 내담자를 가르치려고 하지 않았다. 만약 그랬다면 이는 암시로 귀착하고 말 것이다. 하지만 정신분석가는 전이적 권위를 통해 내담자가 저항을 극복할 수 있도록 만든다. 다시 말해, 분석가는 자신을 향한 내담자의 사랑을 이용해서 내담자가 숨기고 싶어 했던 것들을 말하도록 만드는 것이다. 이런 점에서 프로이트는 내담자로부터 배우는 사람이었다고 할 수 있다. 답을 가지고 있는 사람은 내담자이기에 정신분석가는 가르치는 사람이 될 수 없다. 정신분석가는 교육자도 아니고 동일시할 만한 모델도 아니다. 정신분석가는 청자이다. 무의식은 자신을 들어줄 귀가 존재하지 않는다면 나타나지 않는다. 프로이트는 억압된 것들을 듣는 귀를 자처한 것이다. 정신분석가가 청자가 아니라 다른 기능,

---

136) 지그문트 프로이트. 이덕하 옮김. 「기억하기, 되풀이하기, 그리고 훈습하기」〈끝낼 수 있는 분석과 끝낼 수 없는 분석〉 도서출판 b. 2004. p.121.

이를테면 교육자의 역할을 하려 한다면 그는 분석에 저항하고 있다고 볼 수 있을 것이다.

1900년 『꿈의 해석』에서 프로이트는 저항에 대해서 다음과 같이 정의했다. "항상 일의 진행을 방해하는 것은 저항이다."[137] 여기서 일은 독일어로 arbeit, 즉 작업을 가리킨다. 그렇다면 여기서 작업은 무엇을 의미하는가? 정신분석은 이 무의식의 사슬에 의해 연결된 것들을 의식의 수면 위로 드러나게 하는 작업이다. 무의식의 작업을 드러내는 것이다. 그러므로 정신분석에서 작업하는 주체이라는 점에서 무의식이라는 점에서 치료의 진행을 방해하는 유일한 요소는 내담자의 자아뿐이 아니다. 내담자의 자아가 분석에 저항할 수 있듯이, 분석가 역시 무의식의 작업에 대해 저항할 수 있다. 분석가가 내담자의 연상을 가로막는다면 그 역시 분석에 저항하는 것이 된다. 그리고 분석을 지탱하는 욕망이 분석가의 욕망이라는 점에서 분석가의 저항이야말로 가장 심각한 저항이다.

● ● ●

분석가가 저항한다면 분석은 진행되지 않는다. 분석가의 저항은 내담자의 말을 경시하는 태도로 나타난다. 분석은 말할 수 없는 것들을 말로 표현하는 과정이 반드시 필요하다. 따라서 분석 경험은 내담자 자신에게도 불쾌한 것이기 때문에 분석 경험은 마냥 즐거운

---

137) 지그문트 프로이트. 김인순 옮김. 〈꿈의 해석〉 열린책들. 2010. p.602.

일인 것만은 아니다. 여기가 분석가의 저항이 자주 나타날 수 있는 지점이다. 분석가가 자신의 욕망을 상실한다면 내담자의 저항 앞에 물러서고 말 것이다. 분석가는 내담자가 불쾌해하는 일들에 대해서 말하지 않도록 만들 수 있다. 말할 수 없는 것이 아니라 말할 수 있는 것들에 대해서만 이야기하도록 할 수 있다.

증상은 내담자의 말할 수 없는 소망들이 다시 돌아온 것이다. 가족이라는 사회에서 어머니를 포기하라는 아버지의 거세 위협을 수용한 유아는 충동들을 억압한다. 유아가 수용한 아버지의 금지는 만족의 희생을 요구한다. 유아가 이를 선택하는 이유는 가족이라는 사회의 일원으로 받아들여지기 위해서이다. 유아는 만족을 박탈당하는 대신 가족이라는 사회의 일원이 되고 아버지로부터 이름을 물려받는다. 하지만 그 대가로 생겨나는 것이 바로 증상이다. 하나에 포함되기 위해 고유성을 포기한 대가가 증상인 것이다.

달리 말하자면 증상은 그가 포기한 그 특이성을 다시 찾아 자기 자신이 되라는 신호, 자신이 원하는 바를 추구하라는 신호라고 이해할 수도 있다. 따라서 우리가 병이 드는 이유는 우리가 원하는 것들을 스스로 포기했기 때문이라는 결론이 도출된다. 따라서 정신분석은 억압된 욕망에 귀를 기울이며, 억압된 것들이 말로 표현될 수 있도록 만든다. 그 욕망을 말로 표현하고 자신의 것으로 받아들인다면 증상이 사라지기 때문인데, 이는 만약 분석가가 말할 수 없는 것들을 드러내려는 욕망을 상실한다면, 정신분석이 그 생

명력을 잃었다는 것을 의미한다.

무의식은 끊임없이 의식화되려 한다. 꿈으로, 말실수로, 증상으로, 그리고 행위 등으로 말이다. 내담자의 무의식은 저항하지 않는다. 저항하는 것이 있다면 그것은 내담자의 자아이다. 다시 말해, 분석을 통해 무너뜨려야 하는 것은 '자아의 방어'이다. 만약 정신분석가가 말할 수 없는 것에 관심을 가지지 않는다면 이는 자아의 방어를 강화하는 것이 되며 억압을 승인하는 것이 된다. 따라서 내담자의 자아와 동맹을 맺고 작업을 진행하는 것은 불가능하다. 오히려 분석가는 내담자의 자아의 저항을 약화시켜야 한다. 프로이트는 다음과 같이 말한다. "무의식적으로 된 것과 억압된 것을 전의식으로 전환시켜 이를 자아에 다시 귀속시키게 되면, 우리는 환자를 위해 최상의 것을 행한 것이다."[138] 즉, 정신분석의 핵심은 억압된 것을 자아가 받아들이도록 만드는 것이지, 억압을 강화하는 것이 아니다. 자아가 무의식을 억압하지 않고 수용할 수 있도록 자기 자신의 것으로 만들 수 있도록 만들어야 한다.

이 때문에 분석가가 자신의 저항을 극복하기 위해서는 자신의 도덕적 편견을 버릴 필요가 있다. 분석가가 민감하게 반응하는 주제는 대체로 분석가 자신의 무의식적 콤플렉스와 연결되어 있는 경우가 많다. 예를 들어, 자신의 동성애적 욕망을 억압하는 데 힘을 쏟는 분석가는 내담자가 동성애적 소망들에 대해서 이야기할 때 그것

---

138) 같은 책. 같은 쪽.

을 듣는 것을 거북스러워할 수 있다. 또한, 분석가 자신이 성에 대해서 말하기 어려워한다면 당연히 내담자가 그것을 말하는 것 역시 어려워할 것이다. 그런데 분석가 자신의 문제가 해결되지 않는다면 분석가는 내담자가 자신의 내밀한 소망들에 대해서 이야기했을 때 그것을 도덕적 편견에 근거해 평가하거나 회피하려 할 것이다. 이는 분석가의 기능과 관련이 없다. 분석가는 어떤 것도 평가하지 않고 내담자가 거리낌 없이 말하도록 만들 수 있어야 한다. 그래서 분석가는 자기 자신의 콤플렉스를 극복할 필요가 있다.

• • •

정신분석은 말하기 치료이다. 정신분석가는 내담자가 지금까지 자기 자신에게도 숨겨왔던 그것들을 말로 표현할 수 있도록 만들어야 한다. 그러나 내담자의 자아는 항상 저항한다. 그렇기 때문에 분석가의 임무는 내담자의 저항을 약화시키는 것이다. 이것을 가능하게 만드는 것은 분석가의 욕망이다. 분석을 지속하고자 하는 욕망 말이다. 만약 분석가가 자신의 욕망을 상실한다면, 이는 분석을 조기에 종결시키는 원인이 될 수도 있다.

프로이트의 도라 사례는 분석가의 욕망이 분석에 미치는 영향을 잘 보여준다. 프로이트와 분석을 진행하던 도라는 어느 날 갑자기 오늘이 마지막 분석이 될 것이라 말하며 분석을 시작했다. 그녀는 분석이 더 길어진다면 여기에 어떤 기대도 하고 싶지 않다고 말

했다. 이에 대해서 프로이트는 '언제든지 그만둘 수 있다'고 말했다. 그날 분석은 잘 진행되었지만, 그 이후로 도라는 분석을 그만두었다.[139]

'언제든지 그만둘 수 있다'라는 말은 도라가 원한다면 언제든지 분석이 종결될 수 있다는 의미를 함축한다. 이는 동시에 프로이트 자신은 분석을 지속하고자 하는 강렬한 욕망을 갖고 있지 않다는 것을 의미한다. 즉 프로이트는 분석의 지속이 도라의 욕망에 좌우된다는 사실을 암묵적으로 전달하고 있다. 도라의 분석이 실패한 이유가 바로 여기에 있다. 프로이트는 분석을 향한 자신의 욕망을 표현하지 않았다. 그렇기 때문에 도라는 분석의 효용성에 대해 의문을 품었고 분석을 중단해버린 것이다.[140]

달리 표현하자면 프로이트는 무의식의 흐름에 주목하는 것이 아니라 그것을 중단시키고 말이 갖는 의미에 집중한 것이다. 도라 사례에서 프로이트는 무의식의 청취자가 아니라 도라와 '같은 사람'의 수준에 머무르며, 대화를 해버린 것이다. 이런 의미에서 도라가 분석을 중단해버린 것은 프로이트가 적절하게 도라의 무의식을 듣지 못했기 때문이라고 볼 수 있다.

하지만 대체로 분석가가 자신의 욕망을 강조하는 것은 비윤리적인 것처럼 경험된다. 내담자가 치료되고 싶어 하지 않고 말하고 싶

139) 지그문트 프로이트. 김재혁·권세훈 옮김. 「도라의 히스테리 분석」〈꼬마 한스와 도라〉 열린책들. 2010. pp.297~305.
140) 브루스 핑크. 맹정현 옮김. 〈라캉과 정신의학〉 민음사. 2010. p.30.

어 하지 않는데, 그것들을 억지로 말하도록 만드는 일은 폭력인 것은 아닐까? 더 이상 분석을 진행하고 싶어 하지 않는 것처럼 보이는 내담자를 다시 한번 분석에 참여하도록 하는 것은 전이적 권력을 남용하는 것이 아닐까? 타인에 불과한 분석가가 분석을 토대로 내담자의 삶에 관여하기 시작하는 것은 비윤리적인 일 아닐까?

물론, 내담자는 분석을 언제든지 그만둘 권리가 있다는 것은 사실이고 그것을 존중해야 한다. 그러나 분석가의 욕망이 부당해 보인다 할지라도 내담자가 그것을 수용하는 이유는 내담자가 사실은 그것을 바라고 있기 때문이다. 아직 분석해야 할 것들이 남아 있고, 아직 말해야 할 것들이 남아 있기 때문이다. 핑크가 지적하듯이 "대부분의 환자들은 증상을 포기하지 않으려는 자신의 의지를 극복하기 위해서 분석가들이 치료에 대한 욕망을 좀 더 강하게 표현해주길 바란다."[141]

정신분석가의 윤리는 자신의 욕망을 포기하지 않는 것이라고 할 수 있다. 그리고 이러한 욕망이야말로 정신분석가를 정신분석가로 만들어주는 유일한 요소이다. 프로이트는 어떤 사람들의 비난이나 비판 앞에서도 무의식을 향한 자신의 욕망을 포기하지 않았다. 그러므로 우리는 다시 처음으로 돌아갈 수 있다.

정신분석이론이나 테크닉을 안다고 해서 바로 정신분석가로서 기능할 수 있는 것은 아닐 것이다. 물론 이론과 기술이 중요한 것은

---

141) 브루스 핑크. 맹정현 옮김. 〈라캉과 정신의학〉 민음사. 2010. p.20.

사실이다. 이보다 더욱 중요한 것은 정신분석가로서의 자세이며, 무의식에 대한 욕망이며 분석을 실천하고자 하는 욕망이다. 만약 이러한 욕망이 충분하다면 그 사람은 주체적으로 작업할 것이며, 더 많은 것을 배우기 위한 준비가 된 것이다. 그는 자신을 분석하면서, 또 다른 사람을 분석하면서 무의식에 대해서 배울 수 있는 준비를 갖춘 것이다. 따라서 프로이트가 지적했듯이 어떤 사람이 이러한 욕망을 가진다면 그는 정신분석가가 되었다고 할 수 있다.

분석가의 욕망에 동반되는 것은 책임감이다. 그가 타자의 욕망이 아니라 자신의 욕망에 따라 분석을 행한다. 그러므로 자신의 분석적 행위에 대한 책임을 스스로 지게 되는 것은 당연한 결론이다. 좀 더 정확히 말한다면 자신의 욕망과 그 욕망에 따른 행위들에 책임을 질 수 있을 때, 그것에 따르는 불안을 감당할 수 있을 때, 그는 정신분석가로 기능할 수 있다.

그렇다면 정신분석가의 욕망이 나타날 수 있는 조건은 무엇일까? 분석의 끝에 내담자가 경험하게 되는 '주체적 궁핍(destitution subjective)'은 분석가의 욕망이 나타날 수 있는 조건 중 하나이다. 주체적 궁핍이란 정체성 없음의 정체성, 우리의 정체성 내부의 공백과의 대면을 의미한다. 이는 곧 정체성이라고 할 수 없는 것과의 동일시인데, 공백과 동일시할 경우 분석은 종료된다. "분석의 끝은, 주체성이라고 말할 수 없는 것을 자신의 주체성 근거로 받아들이고, 그것과 동일화하는 '모순적인' 사실을 인정하는 것에 있다. 바로 이

것이 라깡이 말하는 주체적 궁핍(destitution subjective)의 의미이다."[142]

주체적 궁핍에 대해서 좀 더 설명해보자. 주체의 정체성은 타자와의 관계 속에서 형성된다. 타자로부터 사랑받음으로써 혹은 인정받음으로써 우리는 정체성을 획득한다. 즉 타자가 인정할만한 어떤 모습에 동일시함으로써 정체성이 형성되는 것이다. 이때 신경증자는 자신에게 제시된 이상과 동일시하려 하지만, 자신에게 존재하는 어떤 부적절함으로 인해 고통받는 이들을 가리킨다. 신경증자는 의식적 수준에서는 사회적으로 수용할 만한 모습들을 보여주지만, 무의식적 수준에서는 반동적인, 프로이트의 용어로 하자면 도착적인 욕망을 보여준다.

그러나 정신분석은 거세 위협 앞에 억압해야 했던 것을 주체로 하여금 수용하게 하기 때문에, 그는 결국 사회적 금지를 넘어서게 된다. 결국, 아버지로부터의 분리가 일어나게 되는데, 이로 인해 주체는 정체성을 상실하게 되고 무의미함과 마주하게 된다. 이 주체적 궁핍은 심각한 불안을 일으키는 요인 중 하나인데, 이 불안이 주체가 자신의 욕망을 포기하고 타자의 욕망을 선택하는 이유가 된다. 타자로부터 의미를 부여받기 위해 말이다. 이것이 내담자가 분석가라는 타자의 욕망에 종속된 이유이기도 하다. 내담자는 분석가의

---

142) 홍준기, 「정신분석의 끝(목표): 환상의 통과, 주체적 궁핍, 증상과의 동일화」〈프로이트·라깡 정신분석 임상〉 아난케, 2005, p.31.

욕망을 자신의 욕망으로 선택하면서 정체성을 보장받길 원한다. 내담자가 자신의 무의미함을 견디지 못하는 한 그는 타자로부터 분리될 수 없다. 그렇기 때문에 분석의 끝은 그것이 리비도가 투자되는 타자로부터 분리되는 과정이라는 점에서 이 상실된 정체성, 아무것도 아님의 상태를 수용하는 것과 관계된다.

정신분석이 타자로부터 주어진 법과 질서를 극복하기를 요구한다는 점에서 분석가 역시 아버지를 극복하기를 요구받는 것은 당연한 일이다. 아버지의 금지는 하나의 기준으로서 정상과 비정상을 나누는 데 사용된다. 타자로부터 주어진 금지를 수용한다면 그것은 정상적인 욕망이며 그것을 벗어나는 것은 비정상적인 욕망이 된다. 신경증 환자들은 이 비정상적인 '도착적인' 욕망을 억압했기 때문에 병들었던 것이다. 그러나 여기서 아버지를 극복한다는 것은 단순히 도착적 위반을 일삼는 것을 의미하지 않는다. 아버지를 넘어선다는 것은 더 이상 정상과 비정상이 아닌 각각 주체의 개별성에 주목한다는 것이 된다. 아버지를 극복하지 못한 분석가는 내담자를 자신이 생각하는 정상이라는 틀에 내담자를 맞추려고 할 것이다. 프로이트는 이처럼 정상성의 기준에 내담자를 맞추는 것이 정신분석과는 무관한 일이라는 사실을 명확히 한 바 있다.[143]

---

143) 정신분석은 아버지를 극복하기를 요구하기만, 이것은 엄연히 도착증적인 도전과는 구분되어야 한다. 도착증은 위반을 일삼으며 마치 아버지의 법으로부터 자유로운 듯 보이지만, 사실 도착자들의 만족의 근원은 아버지의 법을 위반한다는 사실 자체에 있다. 그러므로 이들은 위반을 위해 아버지의 법을 강하게 요청하는 매우 역설적인 태도를 취하고 있다.

· · ·

　주체적 궁핍이 분석이 종결되기 위한 하나의 조건이라면, 내담자가 분석가로 이행하기 위해서는 또 다른 조건이 필요하다. 분석 주체에서 분석가로 이행하기 위해서는 첫 번째로 분석가로부터 분리될 필요가 있으며 두 번째로는 내담자에게서 분석가의 욕망이 나타나야 한다. 정신분석을 향한 강한 욕망이야말로 분석가가 되기 위한 필수조건이다. 그렇다면 이 욕망은 분석가로부터 전수되는 욕망일까? 분석의 끝이 분석가로부터의 분리를 함축한다면 분석 주체에게서 나타나는 욕망은 분석가의 욕망이라고 보기 어렵다. 그러므로 분석 주체에게서 나타나는 욕망은 전수되는 욕망이 아니다.

　이는 분석의 끝에 도달한 모든 내담자가 분석가가 되길 희망하지 않는다는 점에서 확실해진다. 분석가로부터의 분리된다고 해서 분석가의 욕망이 반드시 나타날 것이라 보장할 수는 없다. 정신분석가의 욕망은 분석의 끝에 내담자에게서 나타날 수 있는 수많은 가능한 욕망 중 하나이다. 이로부터 정신분석가 양성과정은 사후적으로 결정된다는 결론이 도출된다. 분석이 종료된 후 내담자가 분석가가 되길 희망할지 아닐지는 예측할 수 없다. 다만, 한 가지 확실한 것은 분석을 거치면서 내담자는 자신이 원하는 바를 포기하는 것이 아니라 그것을 추구할 수 있게 된다는 사실이다.

　이 강력한 욕망이야말로 프로이트적인 욕망과 닮아있다. 일생을 정신분석 연구에 매진했던 프로이트의 욕망 말이다. 그는 정신분석

학을 추구하면서 항상 저항에 부딪혔다. 내담자들의 저항이 있었고 정신분석이라는 학문 자체에 대한 저항이 있었다. 프로이트는 이러한 저항 앞에서 물러서지 않았다. 만약 그가 이러한 저항 앞에서 자신의 욕망을 포기했다면 무의식은 자신을 드러내지 않았을 것이고, 정신분석은 존재할 수 없었을 것이다.

　1950년대 라깡은 "프로이트로 돌아가자."라고 말했다. 그가 지적했듯 우리가 그의 텍스트를 읽으면서 가장 주되게 참조해야 할 것은 바로 프로이트적인 욕망이다. 무의식이 나타날 수 있었던 것은 그의 욕망이 가진 특이성 때문이었다. 무의식의 장을 뒤따라 들어가고자 하는 이들에게 필요한 것은 바로 이 항구적인 욕망, 어떤 것 앞에서도 물러나지 않았던 프로이트의 욕망이다.

프로이트의
정신분석기술론

펴 낸 날 2017년 4월 10일

지 은 이 신한석
펴 낸 이 최지숙
편집주간 이기성
편집팀장 이윤숙
기획편집 윤일란, 허나리
표지디자인 이윤숙
책임마케팅 하철민, 장일규
펴 낸 곳 도서출판 생각나눔
출판등록 제 2008-000008호
주   소 서울 마포구 동교로 18길 41, 한경빌딩 2층
전   화 02-325-5100
팩   스 02-325-5101
홈페이지 www.생각나눔.kr
이 메 일 bookmain@think-book.com

• 책값은 표지 뒷면에 표기되어 있습니다.
ISBN 978-89-6489-702-7 (03180)

• 이 도서의 국립중앙도서관 출판 시 도서목록(CIP)은 서지정보유통지원시스템 홈페이지
(http://seoji.nl.go.kr)와 국가자료공동목록시스템(http://www.nl.go.kr/kolisnet)에서
이용하실 수 있습니다(CIP제어번호: CIP2017007866).